美文话格言

# 明道

MING DAO

陶伯华 编著

吉林出版集团股份有限公司

图书在版编目（ＣＩＰ）数据

名家美文话格言．明道 ／ 陶伯华编著．—— 长春 ：
吉林出版集团股份有限公司，2013.10
ISBN 978-7-5534-3074-4

Ⅰ．①名… Ⅱ．①陶… Ⅲ．①汉语－格言－青年读物
②汉语－格言－少年读物 Ⅳ．①H136.3-49

中国版本图书馆 CIP 数据核字(2013)第 224191 号

《名家美文话格言》编委会

主　　任：金开诚　王立人
副 主 任：陈尧明　华瑞兴
主　　编：金开诚　陶伯华
编写人员：陶伯华　华瑞兴　肖复新　朱平锋　吴建有　冯树洋

# 明 道

编　　著：陶伯华　　　　　选题策划：曹 恒
责任编辑：息 望 付 乐　　责任校对：赵 萍
封面设计：卢 婷　　　　　插　 图：李 亮
出版发行:吉林出版集团股份有限公司
印刷:河北锐文印刷有限公司
版次:2014 年 1 月第 1 版　　印次:2018 年 5 月第 2 次印刷
开本:787mm×1092mm 1/16　印张:12.5　字数:150 千
书号:ISBN 978-7-5534-3074-4　定价:40.90 元
社址:长春市人民大街 4646 号　邮编:130021
电话:0431-88029877　传真:0431-85618721
电子邮箱:tuzi8818@126.com

我历来认为，对中华传统文化的考证与评估虽然重要，但毕竟只是手段，"古为今用"，为中华民族的团结和振兴发挥积极有益的精神作用，才是目的。这就好比祖宗留下了丰厚的遗产，固然首先要加以清理，但清理只是为了更好地使用；不但要用好，还要尽可能把它"盘活"，使之在现实中生发和增值。惟其如此，也才能使优秀传统文化更加贴近广大群众，尤其是贴近青少年而利于久远的流传与弘扬。我们编撰这套《名家美文话格言》，就是想在优秀传统文化的古为今用与传承弘扬上做一点尝试与探索。

　　中华文化源远流长，古籍文献浩如大海，而警句格言则是经过历史反复筛选与提炼的思想瑰宝，由此了解中华传统文化，入门容易，且可深窥诸子百家思想之精华。现在，各种中外名人名言选本已出版不少，并受到广大读者的欢迎。我们这套丛书具有与众不同的编撰特点：

　　一是尽可能显示分散的警句格言之间的内在联系。现在编成的六个分册，前三个分册中，《明道》揭示的是中华文化的核心范畴，《尚德》展示的是中华文化的主导价值，《智慧》显现的是中华文化的基本特征，道、德、智正是中华优秀传统文化的三大构成要素。后三个分册中，《立志》为成事之首，《劝学》是成才之基，《践行》是成功之本，志、学、行正是人生不可缺一的三大构成环节。当前我们正在构建社会主义和谐社会的核心价值体系，这一价值体系的建设离不开对传统文化的深刻理解与传承弘扬。全面把握道、德、智这中华优秀传统文化的三

总序

二是充分揭示这些古老格言的现实警世与启迪意义。传统文化，只有取其精华，引申诠释，使之与当代社会相适应、与现代文明相协调，才能既保持民族性，又体现时代性，彰显历史智慧的现实生命力。为此，我们在讲解中既介绍每条格言产生的历史文化背景，又联系现实的国情、世情、人情，阐述它的警世意义及对人生的启迪作用。例如老子、庄子"道法自然"的思想就蕴涵了极其深刻的生态智慧，对化解全球性生态危机具有现实警世意义。孔子、孟子讲的"仁者爱人""舍生取义""富贵不能淫，贫贱不能移，威武不能屈"等名言，对我们抵制社会上的不正之风，弘扬"八荣八耻"的社会主义荣辱观仍有激励作用。《立志》《劝学》《践行》中所选编的那些警世格言，对青少年健康成长更有直接的启示意义。

　　三是力求图文并茂、深入浅出。对每一条警句格言中的疑难文字，我们都作出明确的注释，并将古文翻译成白话文。在阐述讲解时，尽可能引用相应的历史典故与现代案例，同时配以精美的插图，以适应"读图时代"广大读者的需要。各个分册，按照所编格言的不同内涵特色，或突出哲理，或重在叙事，或夹叙夹议。其中相当一部分千字文，可以作为语文中考、高考的参考范文。

　　在编撰本丛书的过程中，我们深深感到中华文化博大精深，诸子格言内涵丰富，限于我们的认识水平，对它们的理解与诠释是不可能毕其功于一役的。对于书中的错误和不足之处，尚望读者朋友给予批评指正。

金开诚

2008 年 3 月

# 博大精深的中华大道文化

中华文化是世界上唯一没有中断的最古老的文化系统。这一文化系统的核心范式就是"道"。因此，要了解中华文化，首先就要"明道"。

那么，究竟什么是"道"呢？要明了中华文化中"道"的多重含义，还是让我们从一则农民修山道的生动故事说起。

这个故事发生在中原的一个小山村里。在这里，出村有一条山路，路面不到1米宽，长约5公里通邻村。1949年，60岁的老人许三想：解放了，这条路就得修好。他每天都推辆独轮车去修路，村长要给他工分，他不要，他说啥事都要报酬，还叫啥新社会！10多年后，74岁的许三在一次挖渠排水时，突然从陡坡上滚了下去，腿摔断了，第三天去世。

就在许三下葬后的第二天，65岁的老人许来来到许三家里，对许三的遗像说了句："老哥，我接你的班来了！"说了就出屋，推了许三的独轮车就继续去修路。1978年，义务修了10多年路的许来在路边坐着走了，他带在身边的小收音机还在响着。就在人们抬许来的尸体回村时，62岁的老人许运民推着那辆独轮车就回了家。第二天早上，修路的老人就是许运民了。许运民老人死后，70岁的老人陈光推那辆独轮车时一句话也没说，低着头推着就走。村里人都默默地看着他，不少人都流泪了。现在，陈光已修路6年了。后面报名接班修路的村里人已"挂号"到第38名。

写到这里，"道"的多重含义也就显露出来了。这就是4位老人，以及今后跟在他们后面的几十位老人，他们铺的不是一条小路，而是一种经福历劫都执著不改的善良与坚韧，一种支撑世道人心永不颠覆的根与柱，一条从人间通往天堂的为人之道！从这个不讲报酬、不畏艰险、前赴后继修山道的故事中，我们不难想象出"道"作为中华文化最核心、最普遍的范畴，正是经历了这样一个从具体到抽象、从特殊到一般的逐步形成过程，其内涵才丰富发展起来了。

"道"最初的原始意义为道路。甲骨文中虽未见有"道"字，但有"途"字，"途"字的本义是"道途"。"道"字始见于金文，指有一定指向的道路。在这一阶段，"道"还是讲具体的修道、行道。

道字产生以后其基本含义逐步丰富，并开始向伦理道德意义上发展。例如在《诗经》中，道已引申出方法、政令、品德等意义。在这一阶段，就像在那个小山村里，道已不仅是修山道，不仅包含着对修道的规律与方法的认识，而且已成为一种精神象征，一种村民的心灵之约。

在《尚书》中，道已具有治国原则、法律、命运、法则等含义。到《左传》和《国语》的写作年代，道从一般概念开始上升为更为普遍的自然规律和社会法则的代名词，出现了天道、人道范畴。春秋战国时期诸子百家对普遍的道范畴有不同的理解与阐述。道家强调"道法自然""道常无为"，确立了道的素朴"诗性之维"；儒家从孔子的"仁礼之道"发展为孟子的"仁义之道"，确立了道的"德性之维"；墨家站在平民立场上强调道的正义性、真理性，确立了道的"理性之维"；法家以道为根据，因道而任法，推行法治，确立了道的"功利性之维"。这样据于"六经"，源于"大道"范畴的"大道统"，就分裂为诸多的"分道统"。儒家从汉武帝时代起取得了近两千多年的独尊地位，德性之道成为中华文化的主导构架，儒家传统也成为"主道统"。

综合各种各样的"分道统""小道统""主道统"，我们才不会陷入一时一说之偏见，才能全面把握中华文化博大精深的"大道统"观。这个"大道统"关切宇宙人生的大问题，倡导"天下为公"的"大道"，它包括了天道、人道、治道等宇宙人生的大问题、大规律、大价值、大方法。

据此，我们认为"明道"，首先要明具有世界观意义的"天道"。天演之道关注天人关系，有老子主张顺天、无为的"自然天道"，也有荀子主张的胜天、有为的"能动天道"，后儒强调"天地人三才相辅""天人感应""天人合一"，包含有更多的辩证思想。这些思想，特别是道家强调的生态智慧，对于现代化建设仍有着现实的警世意义。老子开创的辩证之道，更是在世界上最早触及对立统一这一宇宙发展的根本规律，对我们掌握辩证唯物主义极有帮助。

其次，"明道"要明具有人生观意义的"人道"。人道关注人性关系，诸子百家的性恶性善之辩，理性德性之分，对世俗性之肯定、神圣性之追求，都在中华文化发展史上掀起过理论波澜。为此，我们在肯定生存性的功利之道的前提下，突出选编了超越性的德性之道、理性之道、诗性之道方面的警世格言。这些警世格言对我们今天构建社会主义核心价值体系，具有针对性很强的启迪意义。

再次，"明道"，要明具有方法论意义的"治道"。治道关注人际关系，它包括家国关系、群己关系、义利关系、刑德关系、身心关系等，诸子百家各有己说，蔚为大观。我们精选的治国之道、治心之道、治身之道方面的警世格言，对我们今天建设社会主义和谐社会，对治国、修身、养生，无疑具有方法论上的借鉴意义。

陶伯华

2008 年 3 月

## 天 演 之 道

## 辩 证 之 道

目
录

## 德 性 之 道

## 理 性 之 道

## 诗 性 之 道

目

录

## 治身之道

目录

# 天演之道

天演之道关注天人关系，重在探讨自然演化规律，特别是道家强调的"道法自然""道常无为而无不为"的生态智慧，对于现代化建设仍有着现实的警世意义。

# 天道远，人道迩

**天道远，人道迩①，非所及也，何以知之？**

——《左传·昭公十八年》

注 ①迩：近。

●●● 释义 ●●●

天道远离人间，人道则存在于身边的社会人事之中，可以就近掌握。对于人所难及的事物，如何能知道呢？

我们小时候就在语文课本上读到"河伯娶妇"的故事。司马迁在《史记》上写道，魏文侯时，西门豹到邺这个地方为官，当地三老勾结巫师敛财，借口河伯娶妇，令乡民每年交钱，还要挑选女童扔进河里，否则要遭水灾。西门豹上任后亲抵河上，对巫妪说，你选的女孩不漂亮，烦向河伯通报，宽限我们几日，以便选更好的献上，然后命士兵把巫妪扔进河里。过了会儿说，怎么这么久没有动静，令其女弟子再去通报，连投三人。过不久又说，女弟子办事不力，请三老亲去，吓得三老磕头求饶。以后西门豹即发动民众开凿十二渠，引河水灌民田，也解决了水灾问题。

西门豹破除巫术迷信的行动，在今天看来很平常，在当时可是一场移风易俗的社会变革。

上古时代，巫风炽烈，"天道"神圣，天命规范人事，人要做事都必先祀卜。考古学者发现，四五千年前，黄河流域很多地区都发现了卜骨，而且可能出现过专司卜事的巫师。我们从殷商时代的甲骨文中可以看到，当时的统治者无论是打仗还是出游，大小事情都要占卜通神，祈求上帝的神谕与保佑。

然而春秋战国时期，社会发生了天崩地裂般的大变动，"社稷无常奉，君臣无常位"，"高岸为谷，深谷为陵"。现实生活的无常变化动摇了人们对于神圣天道的崇拜，逼迫人们修正传统的关于天人关系的认识，来为自己的行动取得新的理论支持。正是在这种时代背景下，主张改革的政治家子产提出了"天道远，人道迩"这一动摇神圣天道的警世名言。

当时晋国国君生了一场病，为了治好病，他听从巫师之言，作法求神，祈求名山大川、日月星空的神灵保佑。子产坚决反对这些愚昧的做法，他在解释晋侯患疾的原因时说，大王身上的病，不过是出于饮食不节、哀乐过度，与山川星辰之神无关，祈求也无用。与子产同时代的申𩅍说："妖由人兴也，人无衅焉，妖不自作。"内史叔兴也说"吉凶由人"，而不是由天上的神灵来决定的。

古时，人们把异常天象也归为神明所为。当时齐国天空出现了彗星，很多人非常惊恐，认为彗星是会给人间带来灾难的"扫帚星"，齐国国君决定请巫师祈祷消灾。然而不信天命的大臣晏子劝说道，这种做法"无益也"，"天之有彗也，以除秽也，君无秽德，又何禳焉？若德之秽，禳之何损？"这一番理直气壮的话，说得齐君哑口无言。

如果说子产讲的"天道远，人道迩，非所及也，何以知之"这句话还只是怀疑远在天上的神灵，那么到后来有识之士进一步把"天意"说成是人间的"民意"，他们公然宣称"民，神之主也"，"民之所欲，天必从之"，这些激烈的言论离无神论已不远了。西门豹破除巫术迷信的行动，就是在这样的时代背景卜产生的。

正是在天道与人道关系这种越来越深入的讨论中，春秋后期出现的诸子百家从不同侧面进一步高扬了一元的、辩证的、闪耀人文主义精神的道的哲学。老子首先以"道"代"神"，他说"道大，天大，地大，人亦大"；孔子说"吾道一以贯之"；庄子说"道通为一"；韩非子说"道者，万物之

相关链接：民之所欲，天必从之！——《左传·昭公元年》

所以然也，万理之所稽也"；《黄帝内经》说"阴阳者，天地之道也，万物之纲纪，变化之父母，生杀之本始，神明之府也"；荀子更精辟地点明人"最为天下贵"，"人可胜天"。中国的这种"道"哲学具有纳天地万物、宇宙人生为一体的宏伟气派、普遍品格，它扫荡了上古神秘主义的天命观，动摇了宗教神学的统治地位，从此包含了理性、德性、诗性在内的人文精神，开始成为中华文化的主导潮流。

名家美文话格言

相关链接：修道而不贰，则天不能祸。——《荀子·天论》

相关链接：有物混成，先天地生，寂兮寥兮，独立而不改，周行而不殆，可以为天地母。——《老子·二十五章》

# 道象帝之先

道冲①，而用之，或不盈，渊②兮似万物之宗③。
……吾不知谁之子，象④帝之先。

——《老子·四章》

>
> **注**
> ①冲：通"盅"，比喻像盅一样内部虚空。
> ②渊：深远。
> ③宗：祖先。
> ④象：好似。

**释义**

　　道空虚无形，而作用又是无穷无尽。它是那样的深邃啊，好像是万物的主宰。……我不知道它是何物所生，它好像呈现在上帝之前。

　　万物是从哪里来的？人是从哪里来的？是谁创造了世界，创造了人？这是原始人苦苦追问的世界起源之谜，万物起源之谜，人类起源之谜。限于时代的局限、知识的有限，最初各地的人类靠自己的想象，把创世的功劳都归于神，归于万能的上帝。

　　中国有盘古开天辟地的神话。传说在荒远的古代，天和地还没有分开，整个宇宙混沌一片，好像一个大鸡蛋，盘古就在里面被孕育着。经过了一万八千年，他醒来了，见四周一片漆黑，就抡起板斧把大鸡蛋劈开。"轻清者为天，渐高而运转；重浊者为地，渐低而凝静。天地遂分而为二，混茫开矣。"盘古头顶青天，脚踏大地，天每日升高一丈，地每天加厚一丈，盘古的身子也随着高大起来。又过了一万八千年，盘古临终，吹了一口气化成风云，声音变作雷霆，双眼成为太阳和月亮，手足、血液、肌体变成山岳、江河、田土，头发、皮肤、汗毛化作星星、树木、花草，世界就热闹起来。

北美黑足族印第安人有一个关于日月星辰起源的神话，说太阳公公和月亮婆婆是一对夫妻，星辰是他们的儿子。星辰是太阳的先驱，使人们知道太阳就要到了。星辰的妻子是一个有羽的女人，他们生了一个孩子，就是木星。有羽女人曾通过一个窟窿，靠一个蜘蛛人的蛛网上天下地。这个窟窿便是在天上永远不动的北斗星。

犹太人在《圣经》中专门写了上帝创造世界、创造人类的过程。他们认为，上帝照着自己的形象造男造女。耶和华上帝造天地之后，就用地上的泥土造了一个人，取名叫亚当。后来，上帝让亚当沉睡，从他身上取下一根肋骨，造了一个女人，给亚当做妻子。亚当给他的妻子起名叫夏娃。

中国关于造人的传说是，天地开辟后，女娲团黄土做人。她做得很累，但数量不多，于是把一根绳子放到泥浆中，拉出来，溅出的泥点子就成了人。

既然世界的起源、万物的创造、人类的诞生都是天上神灵的功劳，都是由于上帝的万能，那么人对神也就只能顶礼膜拜。这种神创论的思想观念统治了人类几万年，谁也不敢有半点怀疑。

随着人类社会的逐渐进步，人们开始怀疑起老天爷是不是如此万能，有求必应。于是就有了子产的"天道远，人道迩"的质疑。到春秋晚期的老子，则公然把"道"放在天帝的前面了。老子写道，尽管"道"空虚无形，看不见摸不着，但是它的确是存在的，是万事万物的根本。人类的生存和发展，以至历史和现今的万事万物，都在"道"的规范之下。道虽然是虚寂的，其作用却不会穷尽，深邃的样子好像是万物的始祖，我不知它是谁的儿子，我不知"道"是何物所生，它好像呈现在上帝之前，它好像是上帝的祖先。"道"居然"象帝之先"，居然成了上帝的祖先，居然"可以为天地母"，这就公然否定了上帝的至高无上的地位和威权，引发了当时思想观念的一个重大的变革。这个在中国文化发展史上有划时代意义的变革，就是以"道"代至高神，使之成为具有终极性、本原性的哲学范畴。

　　"道冲，而用之，或不盈，渊兮似万物之宗。……吾不知谁之子，象帝之先"，"有物混成，先天地生，寂兮寥兮，独立而不改，周行而不殆，可以为天地母，吾不知其名，字之曰道"，这些在几千年前惊世骇俗的大胆论断，也使老子成为世界上第一位以道学取代神学的学术宗师。

相关链接：天地合气，万物自生。——王充：《论衡》

名家美文话格言

相关链接：道可道，非常道；名可名，非常名。无名，天地之始，有名，万物之母。——《老子·一章》

# 道生一，一生二，二生三，三生万物

道生一①，一生二②，二生三③，三生万物。
万物负阴而抱阳，冲气以为和。
——《老子·四十二章》

> **注** ①一：元始的混沌整体。《说文》："唯初太始，道立于一。"
> ②二：指阴阳两个方面。
> ③三：指由阴阳相互作用而形成的"气"这种基本的物质运动形态。

●●●● 释义 ●●●●

道最早产生元始的混沌整体，这一元始的混沌整体形成阴阳两个方面；阴阳这两个方面相互作用而形成了第三者，即"气"；"气"这种基本的物质运动形态又生出世界万物。因此，万物都背负着阴，怀抱着阳，是由气的交流冲融而合成的。

在老子学术体系中，"道"作为世界的总根源演化出天地万物，具有"宇宙论"的意义。他说："道生一，一生二，二生三，三生万物。万物负阴而抱阳，冲气以为和。"这是老子对于宇宙生成过程的一种推测，尽管素朴，却第一次完全脱离了神创万物的神学体系，以高度抽象的哲理语言揭示了宇宙生成的辩证规律。

如果说老子是中国自觉思考宇宙生成、万物起源的第一人，那么与他相比，古希腊哲学之父泰勒斯的学说就要粗糙得多了。泰勒斯最先研究世界的本原问题，他从水生万物的神话传说中提出世界本原是水的命题。

以泰勒斯为代表的早期希腊哲学家尽管提出了追究世界本原的本体论问题，但都停留在诸如水、金、火之类的感性实体之上。米利都学派的第二代传人阿那克西曼德主张自然的木原是"阿派朗（apeiron）"，即无规定性的物质基质。第三代传人阿那克西美尼主张自然的本原应是无限的气。他们认为，这些自然的本原固有冷热、干湿等对立，通过分离或稀散与凝聚的作用，就在运动变化中造成万物的生灭。西西里岛的恩培多克勒在其

相关链接：洞同天地，浑沌为朴，未造而成物，谓之太一。——《淮南子·诠言》

著作《论自然》中主张：水、火、气、土这四种微粒子元素，由于"爱"与"恨"的动力而按一定的数量比例结合和分离，从而造成自然万物的生灭变化。

与古希腊学者这些素朴直观的宇宙演化论相比，老子的学说就显得高明了。他认为"有物混成，先天地生"，道最早就产生元始的混沌整体，而不是水、火、土这些具体的物质形态。这一元始的混沌整体形成阴阳两个方面，阴阳这两个方面相互作用而形成了第三者，即"气"这种基本的物质运动形态，"气"这种基本的物质运动形态衍生出世界万物。因此，万物都背负着阴，怀抱着阳，是由气的交流冲融而合成的。老子的这些话猜测到了现代宇宙学所揭示的世界从混沌到有序的演化规律，也猜测到了现代辩证法所揭示的世界统一于物质、对立统一是物质运动的基本规律。一个古代学者在数千年前就提出如此深刻的精辟之理，难怪老子的著作会受到黑格尔等大学者的肯定，一直到现在还受到大量西方读者的追捧，这也表明了中华优秀传统文化是何等的博大精深。

名家美文话格言

相关链接：物固有所然，物固有所可。——《庄子·齐物论》

# 道者，万物之主

**道者，万物之主，善人之宝<sup>①</sup>，不善人之所保<sup>②</sup>。**

——《老子·六十二章》

> **注** ①宝：珍宝。
> ②保：保护。

●●●● 释义 ●●●●

"道"是万物的根本主宰。它既是善人的宝贝，也是恶人的护身符。

老子的这段话粗一看很费解，"道"这个东西如此重要，怎么会不分善恶是非，既是善人的宝贝，也充当恶人的护身符呢？其实这正是老子思想超越于一般思想家、道德家，非常高明的地方。我们先来看一看俄罗斯作家亚历山大·贝列日诺依写的一则发人深省的科幻故事，就可以明白老子这段话超前的警世意义了。

提恩是印维茨基文明智慧生命的代表。他为银河系第五代录事。提恩有两本记事簿：一本较大，里面详细记录了整个银河系智慧民族的名单；另一本较小，里边只记录发达到一定程度、并获得加入大银河联邦许可的银河精英。有一天信使跑来报告提恩："又有一群生物已经达到发达的标准了。"

"好啊！太好啦！他们现在发展得那么快。这一次，是哪个星球的什么生命呢？"

信使说出了该星在银河系内部系统的编码。"对，"提恩说，"我认识那个世界。"提恩流利地把该星的名称记入小记事簿。提恩在记事簿中写的名称就是新星居民都熟悉的"地球"。

"这些年轻的地球人居然打破了发展史上的纪录。"他称赞着，"没有哪个星球的智慧生物能像地球人发展得那么快。信息没弄错吧？"

"绝对没错。"信使坚定地回答。

"据说，他们已经获得了热核能，是吗？"

"千真万确。"

"这可是重要的标准呢。"提恩笑了笑，"很快他们就会派飞船来探测银河系太空，并和我们联系了……"

"问题在于，"信使不大愿意地说，"据观察员报告，他们还没有进入过银河系太空的历史。"

"怎么会这样呢？"提恩大惑不解，"还没有进入过吗？如果他们有了热核能，那他们是在哪儿进行的试验呢？"

"在自己的星球上呗。"信使答。

提恩突然起身，大吼道："在自己的星球上？"

"一点没错。"信使说。

提恩慢慢地把刚收好的本子拿出来，郑重其事地把刚才的记录一笔勾销。这是史无前例之举。沉思片刻之后，他只说了句："真是一群蠢货……"

发明了热核能的人类，尽管有高度智慧，但由于违背宇宙的根本规律，这种热核能也可能毁了整个地球而被提恩除名。当然，执掌《宇宙精英名录》的银河系第五代录事提恩，不过是作家虚构的一个子虚乌有的人物。然而在现实生活中，却有一位相当于提恩职位的真实人物，在世纪之交发出了类似于提恩的对地球人的评价。这个真实人物，就是联合国教科文组织总干事马约尔，他在任满前发表了《下世纪人类面临的四大挑战》的演说。

他说，在 21 世纪的黎明，地球人面临着前所未有的挑战。第一大挑战是和平，冷战虽已结束，但自柏林墙拆除以来全球又发生了大约 30 场战争。第二大挑战是全球不平等，世界上最富有的 20% 的人和世界上最穷的 20%的人的收入之比已从 1960 年的 30∶1，发展到现在的 81∶1。第三大挑战是可持续发展，要使全人类达到北美的消费水平，得有三个地球的资源。第四大挑战是"醉汉船"综合征。世界四分五裂，各持己见，就像乘在一只没有航向或折断舵柄的"醉汉船"上，十分危险。

这位总干事对 21 世纪的人类前景如此忧心忡忡，表明人类又一次走到了历史的转折关头。这就是已经掌握强大的自然力、特别是热核力的人类，如果不遵循自然、社会发展的根本之道，那么由经济结构、社会结构与人性结构不成熟带来的各种全球性危机，有可能使人类文明毁于一旦。到那个时候，不仅作恶的人要死亡，就是善良的人也要跟着一起毁灭。这也就是老子早在几千年前就讲的"道者，万物之主，善人之宝，不善人之所保"的现实警世意义之所在了。

相关链接：道生之，德畜之，物形之，势成之。是以万物莫不尊道而贵德。——《老子·五十一章》

相关链接：故常无欲，以观其妙；常有欲，以观其窍。此两者，同谓之玄，玄之又玄，众妙之门。——《老子·一章》

# 道无所不在

东郭子<sup>①</sup>问于庄子曰："所谓道，恶乎在?"庄子曰："无所不在。"

——《庄子·知北游》

> **注** ①东郭子：住在东郭的一位先生。

●●●● 释义 ●●●●

住在东郭的一位先生问庄子说："所谓的道，在哪里呢?"庄子回答说："道无所不在。"

这是庄子在《知北游》中讲的一则论道的普遍性的寓言。

东郭子问庄子："道在什么地方?"庄子答："无所不在。"

东郭子请庄子做些具体指示，庄子答说："在蝼蛄蚂蚁。"

东郭子说："'道'怎么如此卑下?"庄子说："在稗草。"

东郭子说："怎么更加卑下了?"庄子说："在砖头瓦块。"

东郭子说："怎么越说越卑下了。"谁知庄子说得更恶心了："道在粪便里。"

居然把伟大的道与肮脏的粪便联结在一起，东郭子怎么也想不通。于是庄子趁机讲了一通论道的普遍性的哲理：道使物发生衰杀之变，而自身并不衰杀；道使物有本末之变，而自身无本末；道使物有积散变化，而自身无积散。

通过这一番有趣的问答，庄子到底想说明什么呢？

第一，他要强调道无时不在，无所不在，普遍地寓于万事万物之中。高贵的事物体现着道，卑下的事物同样体现着道。如果说道是阴阳对立统一的基本规律，那么粪便不正是人排泄的废物与庄稼的肥料的对立统一吗？从废物转化为肥料，不正体现着对立统一的基本规律吗？"道在屎溺"看似不近情理，实际上不正体现道的至理吗？

第二，庄子强调道寓于物的思想，深化了中国哲学"道器一体""体用一体""天人合一"的基本原理。而西方文化主张的"体用二分""天人对立"的思想，把人凌驾于自然之上，把大自然作为可以被人征服、被人役使的对象，就会导致当代的各种生态危机，危及人类生存的基础。

第三，庄子借"道在屎溺"的比喻来进而说明自然界的事物都是道的体现，各有各的性状用处，没有高低贵贱之分。而人们却习惯了把自然界看成是一个有贵贱高低等级的一个世界。佛教中就有最卑微的"一阐提人"有没有神圣的佛性的争议，争议的结果是不仅最卑微的"一阐提人"有神圣的佛性，就是非人的生物也体现着道的光

辉。中国化的佛学——禅宗据此提出的一条警世名言："青青翠竹，尽是真如；郁郁黄花，无非般若"，说的就是道的这种普遍性。在哲理上坚持道的这种普遍性，也就为在实践上打破等级观念、倡导平等博爱思想创造了条件。

明道

相关链接：道大，天大，地大，人亦大。域中有四大，而人居其一焉。——《老子·二十五章》

# 天行有常

**天行有常<sup>①</sup>，不为尧<sup>②</sup>存，不为桀<sup>③</sup>亡。**

——《荀子·天论》

> **注** ①常：规律。
> ②尧：古代的部落联盟领袖。
> ③桀：夏代的亡国之君。

●●●● 释义 ●●●●

　　大自然的运行变化有一定的规律。这一客观规律并不为尧帝的英明而存在，也不为夏桀的残暴而消亡。

　　这是先秦学术思想的集大成者荀子说过的一段警世名言，他旗帜鲜明地强调了天道运行的客观性，警告人类不管是谁，无论善恶，违背了客观的自然规律，都要受到大自然的严厉惩罚。

　　曾经兴盛一时的南方原始农业中心河姆渡在延续 2000 年后突然消失了。专家们的研究表明河姆渡文化兴于水利，毁于水患。对照河姆渡地貌特征，四明山与慈南山对峙，羊角尖山和乌石山从中连起两块山地，宛然一个大大的"工"字，而宁绍平原上，这样的"工"字形地貌独此一处。"全新世海退"时(距今 3000 万～2000 万年)，这里淤泥堆积，逐渐成为一片良田沃土，在大约 7000 年前，河姆渡先民们便在这"工"字形高地上休养生息，创下璀璨的河姆渡文化。"全新世海退"结束后形成的杭州湾喇叭口地形，使海平面逐渐提高，姚江平原水环境由此发生巨变。地形北高南低，古姚江、曹娥江北流受阻，便汇入一起东流，每逢雨季，河姆渡便水涝成灾。在洪水及芝林溪和大隐溪天长日久地冲刷下，东边"工"字形高地不断缩小，终被冲出大缺口，姚江由此滚滚东流经现在的宁波再入杭州湾。新河道缩短了河姆渡与海的距离，东边海水在风暴潮作用下便频频沿河回溯，河姆渡终年水患不断，先民们不得已只好背井离乡，河姆渡文化也就从此烟消云散。由此可见，人类文化的发展只能顺天道而动，自然的灾变一旦带来局域性生态环境的改变，原始人因无回天之力，只能放弃原来的家园。

然而随着社会生产力的发展，人类对抗自然灾变的能力越来越强，这时的人类是不是可以违背自然规律，为所欲为了呢？大量历史事实表明：此路不通。

考古发掘出来的遗物告诉人们，中国的黄河流域原来有 大片原始森林。秦安仰韶晚期和静宁齐家文化残留的木炭表明，当时人们烧的是较粗的木头。在宁夏南部山区出土了一批粗大古木，也有七八千年历史。然而经过从新石器时代到汉代的农耕开发，黄河上中下游流域的森林都遭到严重破坏，由此带来了土壤侵蚀、黄河淤积、水患不断等灾害。违背天道运行规律的人们终于尝到了黄河农耕文明逐渐衰退的恶果。

正是有鉴于这些教训，中国早在夏朝便制定了连圣人或国君都必须遵守的古训："早春三月，山林不登斧斤，以成草木之长，川泽不入网，以成鱼鳖之长。"以后人们进一步将这一"圣王古训"变为"王者之法""圣王之制"，于秦朝形成我国第一部环境保护的法律——《田律》。为履行"圣王古训"与"王者之法"，我国很早就设立了专门管理山林川泽的政府机构——虞部。据说，最早的虞官叫伯益，就任于四千多年前的帝舜时期。史书记载，一次帝舜召集大臣们议事，他问："谁能替我掌管山林川泽中的草木鸟兽？"众臣推荐伯益。舜说："好，伯益，你来担任我的虞官吧。"于是伯益成为世界上最早的一位环境部长，他把山林川泽管理得欣欣向荣，人们尊称他为"百虫将军"。虞衡制度以后在我国代代相传，一直延续到清王朝，历时四千年，为中华古文明的长期发展提供了总体平衡的生态环境保障。

相关链接：天地不可留，故动，化故从新。——《管子·侈靡》

历史上正反两面的经验教训都证明了"天行有常，不为尧存，不为桀亡"是一条不可违背的客观规律。应用这条规律而创造的虞衡制度，是中国对世界文明进步作出的一大贡献。牢记并实践这条警世格言，对于化解当代工业文明造成的生态危机，促成生态、世态与心态的三态平衡，推进破坏性的传统工业文明向可持续发展的现代生态文明转化，具有不可低估的现实意义与未来价值。

名家美文话格言

相关链接：道之尊，德之贵，夫莫之命而常自然。——《老子·五十一章》

# 道法自然

人法①地，地法天，天法道，道法自然。

——《老子·二十五章》

**注** ①法：效法，取法。

●●●释义●●●

人效法地，地效法天，天效法道，道效法自然。

　　"道法自然"，是老子哲学的一个基本命题，它深刻地反映了古代先民早已认识到了人必须与天地和谐共存这条根本的生态规律。正如当代一些西方学者通过沉痛反思所指出的那样："当代的深层生态主义者已经从道家经典《老子》中发现了灵感。"中国老子的著作表达了高级的"最深刻和最美妙"的生态智慧。

　　西方学者重新认识"道法自然"这一命题所具有的警世、救世意义是很不容易的。大家知道西方近代工业文明确实异常强大，在它崛起的二三百年中就迅速改变了世界；西方人由此变得傲慢，认为西方才是世界文明的中心，对其他文明不屑一顾。然而20世纪以来由掠夺性的西方工业文明所引发的全球性生态危机，从根本上动摇了人类生存的基础。这就迫使一些西方有识之士反思西方文明的结构缺失，寻找可持续发展之道。

瑞士作家弗兰茨·霍勒尔曾写过一则讽刺小品《头等推销员》，就形象地写出了西方人对旧的工业文明所引发的全球性生态危机的深刻反思。他写道，有一位人类中的"头等推销员"跑到北方的大森林中，向驼鹿推销防毒面具。

"你好，"他对碰到的第一只驼鹿说，"你肯定需要一只防毒面具！"

"要它干什么？"驼鹿问，"这儿的空气非常清新。"

遭到拒绝后，这位推销员就在驼鹿居住的这片大森林中间建起一座大工厂。工厂建成投产后，不尽的有毒浓烟污染了整个森林。那只驼鹿

名家美文话格言

相关链接：知天之所为，知人之所为者，至矣。——《庄子·大宗师》

此时不得不去找那位推销员："我现在需要一只防毒面具了。"

"这我已经想到了！"推销员边说边卖给驼鹿一只防毒面具，"我的产品质量堪称一流！"

"还有其他驼鹿，"那只驼鹿又说道，"它们现在也需要防毒面具，你现在还有货吗？"

"你们幸运得很，"推销员说，"我有成千上万只防毒面具。"

"顺便问一下，"那只驼鹿说道，"你的工厂生产些什么产品？"

"防毒面具啊！"推销员回答说。

这群受害的驼鹿不正是人类自己吗？谁使他们受害呢？谁制造了这场污染灾难呢？不也就是人类自己吗？这位"头等推销员"成功地推销了"防毒面具"这项先进技术，发了财；也正是这位"头等推销员"在制造先进"防毒面具"时造成了严重的生态灾难，然而这种人为的生态灾难却又造就了新的市场机会，创造了一些人的生财之道。这幕林间喜剧，确实可笑，确实荒诞，然而我们应该笑谁呢？显然应该嘲笑违背了自然之道的人类自己，嘲笑这位利欲熏心、害人害己的人类中的"头等推销员"。

相关链接：天地所以能长且久者，以其不自生，故能长生。

——《老子·七章》

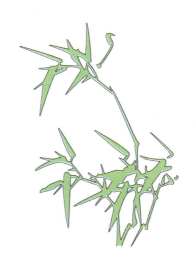

# 道常无为而无不为

**道常无为①而无不为②。侯王若能守之，万物将自化③。**

——《老子·三十七章》

相关链接：道冲，而用之有弗盈也。——《老子·四章》

> **注** ①无为：无欲为、不妄为。
> ②无不为：没有不能做到的。
> ③自化：自然化育。

●●● 释义 ●●●

　　道常是无欲为、不妄为的，但却能无所不为。侯王若能守道，和道一样的无为，则万物将各顺其性以自生自息。

　　老子的"道法自然"思想，历来被人误解，用今天的眼光来看其实是表达了极为深刻的生态智慧。例如，道法自然，自然"无为而无不为"，历来被误解为是宣扬消极的无所作为思想。著名的中国科学史专家J·李约瑟博士就坚决反对这种看法。他指出："我相信，大多数汉学家在这里是都弄错了，就早期原始科学的道家哲学而言，'无为'的意思就是'不做违反自然的活动'，亦即不固执地要违反事物的本性，不强使物质材料完成它们所不适合的功能。"这一见解的确是深刻地把握了老子"无为"原则的真实含义，同时也凸显了老子"寡欲""无为"原则对今天制止放纵物欲、掠夺与伤害自然行为的现实针对性。

不讲"无为"，放纵贪欲，导致自然生态崩溃、人类文明衰亡的教训在历史上屡见不鲜。世界上最早的文明之一，中美洲的玛雅文明是在中美洲热带低地森林中发展起来的农业文明。在繁荣了十几个世纪之后突然消失，过去一直是个不解之谜。美国芝加哥大学和佛罗里达大学的研究成果表明：从公元前800年左右开始，玛雅社会的人口就不断增长，平均每隔400年就翻一番。人口的压力迫使他们毁林开荒，到公元前250年，这个地区的森林几乎被砍光了，造成了严重的水土流失。玛雅的农业停留在刀耕火种的粗放农业阶段。他们借燃烧杂草灌木产生的草木灰作为肥料进行耕种，烧一次种一次之后，地力消耗殆尽，必须重新抛荒，待原来耕作的土地长满杂草灌木之后重新烧荒。有的地方一烧一种之后，休耕期竟长达6年之久。

相关链接：生而弗有，长有弗宰也，是谓玄德。——《老子·十章》

公元 250 年，玛雅文化、建筑、人口达到鼎盛时期，迅速增加的人口超过了农业所能保障的极限。人们除了更多地毁林开荒和尽量缩短休耕期之外，别无良策。面对这样严峻的形势，神权政治所能寻求的，不可能是科学的解决办法，而只是更虔诚地膜拜神灵。于是，更多的神庙出现在玛雅的土地上，更多耗费民力的宗教仪式频繁地举行。在这种恶性循环当中，生态环境急速恶化，生活资源日益枯竭，疾疫流行，灾害频繁，再加上玛雅统治者之间的争权战争，玛雅社会终于在 9 世纪以后因为失去农业的支撑而崩溃了。

这一惨痛的教训表明，文明开发与生态环境的矛盾，自古以来就存在。只有坚持自然"无为"，注重环境保护，方可以缓解矛盾；无视自然生态，贪欲妄为，肆意劫掠资源，只会动摇文明根基。让我们记住"道常无为而无不为"这一警世格言，防止玛雅悲剧在今日重演。

相关链接：万物作焉而不辞，生而不有，为而不恃，功成而弗居。——《老子·二章》

# 道功成不名有

**大道氾<sup>①</sup>兮，其可左右。万物恃之而生而不辞，功成不名有<sup>②</sup>。**

——《老子·三十四章》

> **注**　①氾：同"泛"，普遍。
> ②不名有：不自夸有功德。

●●●● 释义 ●●●●

大道非常广泛，普及万物。它独立运行，能左能右，无所不在。它不推辞万物靠它而生长，功业成就了也不标榜夸耀自己。

"大道氾兮，其可左右。万物恃之而生而不辞，功成不名有。"老子的这句警世名言，揭示了自然之道具有最高明的生态智慧，也警告人们破坏这种生态智慧将受到大自然最严厉的惩罚。

美国生态学家康芒纳在《封闭的循环》一书中，提出自然界所懂得的是最好的原则，这就是"生态智慧"。这种"生态智慧"为什么会是最高明的呢？这是因为，在生态演化中，那些不能与整体共存的可能安排，便会在进化的长期过程中被排除出去。这样，一个现存的生物结构，或是已知的自然生态系统的结构，按照常识，就是"最好的""最合理的"。例如森林群落的垂直结构在充分利用阳光上是最好的。高大的乔木占据森林的最高层，形成森林的树冠，次大的树木占第二层，第三层是灌木和草本植物，最低层是盖满地面的苔藓，只需微弱的阳光就能存活。这种合理的垂直结构是长期演化的结果，从演化过程讲是先有苔藓阶段，接着才有草本植物阶段、灌木阶段、乔木阶段。这一群落演替程序又是最合理的，因为优势的顶级群落中的植物所需要的环境条件必须在演替过程中由低级植物创造出来。低级植物的生长和发展，创造了适宜的环境条件，也为自身准备了更有竞争力的对手。虽然最后它被排挤到底层与边缘，却为创造更合理的整体生态环境作出了贡献。

美国学者弗·卡特与汤姆·戴尔进一步研究了自然生态，特别是表土与农业文明的关系。他们发现自然界创造 10 毫米生产性表土需要 100～400 年，创造 30 厘米厚的土壤需 3 000～12 000 年。地球表土创造了农业文明的基础，四大文明古国无不产生于表土肥沃的大河流域。然而无视环境保护的文明越是灿烂，它持续存在的时间就越短。文明之所以会在孕育了这些文明的故乡衰落，主要是由于人们借助改善了的工具和提高了的技术，在无意中毁坏了土地的生产力，糟蹋或者毁坏了帮助人类发展文明的生态环境。

例如，巴勒斯坦的气候是典型的地中海式气候，足量的降雨滋润着古代人民种植的作物。只要土壤还能吸收雨水，这个国家就能保持着相对的繁荣与优美的环境。大约三千年前，当摩西站在尼布山峰眺望越过约旦的"希望之乡"的时候，他曾用下面的话向他的信徒们形容这片福地：这是一片溪水潺潺的沃土，泉水从谷地与山丘上涌出；到处长满了小麦、大麦、葡萄、无花果与石榴树；遍地流淌着牛奶与蜂蜜。然而，所谓的"希望之乡"如今已成了"人类是地球不胜任的管家"这一评论的可悲见证。

这块在三千年前"遍地流淌着牛奶与蜂蜜"的"希望之乡"，土壤侵蚀已达到令人可怕的地步，以致山地中有一半地区的土壤全都被冲蚀流失。细细的土末随着洪水流泻到地中海，使湛蓝美丽的地中海海面在视野可及的范围内都成了一片黄褐色；较粗糙的土粒散布在原来的冲积平原上，人们仍在那儿耕作，但耕作面积正不断缩小。这些因侵蚀而流失下来的土壤与从海岸上被风吹刮过来的沙丘一起使这片平原变成了沼泽，接着疟疾与瘟疫在这里逞凶，使洼地上的人口急剧下降，同时丘陵地区的居民也大大地减少了。就这样，山区的侵蚀与沿海平原上的瘟疫很快使"希望之乡"的人口减少到只有罗马时代的三分之一，违背了"自然之道"的这块土地再也难以恢复到当初作为"希望之乡"的环境了。面对这一历史悲剧，人类难道不应抑制自己的贪欲，向"功成不名有"的大自然学习吗？

相关链接：是以圣人无为故无败，无执故无失。——《老子·六十四章》

# 辩证之道

中国古代哲人提出的"阴阳消长""五行生克"思想，在世界上最早触及对立统一这一宇宙发展的根本规律。懂得一点古代的辩证之道，对我们今天掌握辩证唯物主义极有帮助。

# 一阴一阳之谓道

一阴一阳之谓道。道者，修此阴阳①之道②也。
一阴一阳，一性一命而已矣。

——张三丰：《论道》

> **注**
> ①阴阳：原指日光的向背，向日为阳，背日为阴。古代哲学家用阴阳这个概念来解释自然界两种对立和相互消长的势力。
> ②道：万物的本原，亦指事物的根本规律。

●●● 释义 ●●●

　　一阴一阳的交替是宇宙的根本规律。修道的人所要修的道就是这个阴阳之道。一阴一阳，也就是一性一命而已。

　　阴阳的最初含义指日光的向背。向日者为阳，背日者为阴。以后中国古代哲学家用阴阳这个概念来解释自然界两种对立和相互消长的势力，认为自然界的任何事物都包括阴和阳相互对立的两个方面，而对立的双方又是相互统一的。阴阳的对立统一运动，是自然界一切事物发生、发展、变化及消亡的根本原因。古人将宇宙的这一根本规律高度概括为"一阴一阳之谓道"，这是中国古代哲学发展史上的一个飞跃。

　　阴阳之道是中国传统文化的精髓。相传黄帝曾问天师："万物为什么能够运行变化？花草树木为什么能够生长？"天师回答说："你仔细察看天地间万物生长变化的情形，都是以阴阳变化的规律为准则的，万物如果违背阴阳变化的规律就不能生存和繁衍，而遵循它就能兴旺荣发。"

　　阴阳之道强调宇宙万物就是由于阴阳两种矛盾对立的东西相互制约又相互依存而发生和存在的，孤阴或孤阳时都是不存在的，哪一方面都不要希望消灭对方，因为消灭了一方，另一方也就失去了存在的基础。阴阳是互生的，阳到尽头变为阴，阴到尽头变为阳。阴阳之所以能流变互生，是因为它们始终保持着对立统一关系，因而能够互藏，任一阴中都有阳，任一阳中都有阴，此长彼消，相辅相成，没有穷尽。遵循阴阳流变的规律，世界万物就能兴旺荣发。

相关链接：天命之谓性，率性之谓道，修道之谓教。道也者，不可须臾离也。——《中庸》

相关链接：为无为，事无事，味无味。——《老子·六十三章》

　　阴阳两极的流动造成自然循环流转的思想具有深刻的生态过程的合理性，它能说明日月运行、季节更替、气象变迁，以及生命机体的生长、成熟、衰老、死亡等一切对立事物的循环转化。同时，任何事物的变化都处于整个系统的循环过程之中，不能离开对这个整体的关系去把握事物的变化。所以，对事物的认识又必须从整体观的角度去综合地加以考察。阴阳之道强调万物变化是一种网络整体的变化和循环，虽然这种循环与生态系统中的网络式物质循环和能量转化还有差别，但从整体在循环转化的动态平衡过程中实现协调的思想来看，二者还是相通的。正是这种整体循环流变的思维方式，启发了人们对古代具有周期性的现象的重要发现，其中不仅有著名的中医经络学说，而且还有农业上的轮作制和农业生态系统中物质能量的循环利用。

　　在今天，道家强调的阴阳流转协调发展的思想得到了更多人的认同。美国著名学者 F·卡普拉对道家关于人类与自然在循环过程中保持和谐一致的思想给予了高度的评价。他说："在伟大的宗教传统中，据我看，道家提供了最深刻并且是最完善的生态智慧，它强调在自然的循环过程中，个人和社会的一切现象以及两者潜在的基本一致。"卡普拉还将以阴阳两极构成的道的循环运动的思想作为自己生态世界观的主要哲学基础。"一阴一阳之谓道"，正在变成全球性的警世格言。

# 反者，道之动

大成若缺<sup>①</sup>，其用不弊。大盈若冲<sup>②</sup>，其用不穷。大直若屈，大巧若拙<sup>③</sup>，大辩若讷<sup>④</sup>。躁胜寒，静胜热。清静，为天下正。

——《老子·四十五章》

**注**

①缺：缺陷。
②冲：虚空。
③拙：笨拙。
④讷：说话迟钝。

◆◆◆ 释义 ◆◆◆

　　最圆满的好似残缺，它的作用永远不会衰败。最充实的好似空虚，它的作用永远不会枯竭。最平直的好似弯曲，最灵巧的像笨拙，极其有余好像不足，极其善辩好像言语迟钝。疾走可以战胜寒冷，安静可以战胜暑热。清静无为可以成为天下的统治者。

　　"反者，道之动"，这一命题道出了辩证运动的真谛。老子在这里举了不少例子，认为有些事物表面看来是一种情况，实质上又是一种情况。表面情况和实际情况有时完全相反。对立面常常互相制约，最平直的好似弯曲，要完成大的目标，小的迂回是必要的，如果不愿做过程中的迂回，反而到达不了目标，这就叫"大直若屈"。

　　孙子在实战中深知这个"大直若屈"的道理，他认为"军争之难者，以迂为直，以患为利。故迂其途，而诱之以利，后人发，先人至，此知迂

相关链接：军争之难者，以迂为直，以患为利。故迂其途，而诱之以利，后人发，先人至，此知迂直之计者也。——《孙子兵法·军争篇》

直之计者也。"

英国军事理论家利德尔·哈特在《间接路线战略》一书中指出："在战略上，最漫长的迂回道路，常常是达到目的的最短途径。所谓间接路线，即避开敌人所自然期待的进攻路线或目标，在攻击发起之前，首先使敌人丧失平衡。"这种迂回的间接路线，既是地理性的，同时也是心理性的。声东击西，欲进先退，欲取先予，这是以迂为直在空间上的表现。欲速胜而取持久战略，这是以迂为直在时间上的表现。而诡诈示形、引敌致误，这是以迂为直之计所要收取的心理效果。

在两军相争的战场上，迂与直、远与近往往是相互转化的。远而虚者，易进易行，可以成为实际上的近；近而实者，难进难行，反而费时，成了实际上的远。公元263年5月，魏国拉开的灭蜀之战就是如此。当时，钟会率魏军主力10万余人采取正面进攻，取汉中，直逼成都。姜维率蜀军在陕川的咽喉要地剑阁防守，魏军严重伤亡受挫，使魏灭蜀计划面临破产的危险。邓艾向司马昭献策，提出不要强攻剑阁，应采取迂回敌后的战略，从阴平、江油，沿广汉、德阳等地直取绵阳，再攻成都。阴平是陇南入蜀的孔道，位于白水南北两条支流之间。同年10月，邓艾率精锐1万余人轻装前进，沿山谷小径，行无人之地700余里，越过崇山峻岭，抵达江油，插入蜀国腹地。由于邓艾采用战略迂直的计策，出敌不意，偷渡阴平成功，一举改变了整个魏军的战局，从而置姜维大军于腹背受敌的境地，使蜀国亡于一旦。

以迂为直运用到商战中，往往能收到奇效。图德拉原是委内瑞拉一位自学成才的工程师，他想转做石油生意，但他一无关系，二无资本。于是，他采取迂直之计，先从一位朋友处打听到阿根廷需要购买2000万美元的丁烷，并且又知道阿根廷的牛肉过剩。接着他飞到西班牙，那里的造船厂正为没有人订货而发愁，他告诉西班牙人："如果你们向我买2000万美元的牛肉，我就在你们造船厂订购一艘造价2000万美元的超级油轮。"西班牙人愉快地接受了他的建议。这样，他就把阿根廷的牛肉转手卖给了西班牙。最后，图德拉又找到一家石油公司，以购买对方2000万美元的丁烷为交换条件，让石油公司租用他在西班牙建造的超级油轮。就这样，图德拉用迂直的战术，单枪匹马闯入了石油运输业行列，开始了前途远大的经营。

　　由此可见迂直之计作为"反者，道之动"的具体应用，不仅是兵家之计，也是政治家、外交家、企业家乃至人们在处理日常人际关系中经常要用到的有效的辩证方法。

明道

相关链接：天下莫柔弱于水，而攻坚强者莫之能胜，以其无以易之。——《老子·七十八章》

# 弱者，道之用

天下之至<sup>①</sup>柔，驰骋<sup>②</sup>天下之至坚。无有入无间。吾是以知无为之有益。不言之教，无为之益，天下希及之。

——《老子·四十三章》

> **注** ①至：最。
> ②驰骋：驾驭马奔驰，此指驾驭。

●●● 释义 ●●●

天下最柔弱的，能够驾驭天下最坚硬的。没有形迹的东西能够透入没有空隙的东西。我因此知道"无为"的益处。"不言"的教化，"无为"的益处，天下人很少能认识到或做到。

老子善于以独特的眼光观察自然界的现象，他发现：

人活着的时候，身体是柔软的；人死后，身体就变得僵硬。

万物草木生长的时候，形质是柔脆的；它们死了的时候，就变得枯槁。

人身上最坚硬的要数牙齿了，最柔软的要数舌头了，当人老时，首先脱落的是坚硬的牙齿，而柔软的舌头却能完好无恙。

大树比小草坚硬刚强，但台风来时可掀倒大树，而小草依然故我。

石头坚硬，水滴柔软，但水滴可使坚石为之洞穿。

相关链接：人之生也柔弱，其死也坚强。万物草木之生也柔脆，其死也枯槁。故坚强者死之徒，柔弱者生之黛。是以兵强则灭，木强则折。强大处下，柔弱处上。

——《老子·七十六章》

蝼蚁柔弱，大坝坚硬，但柔弱的蝼蚁却能使大坝千里溃决。

用兵逞强就会被灭亡，树木强硬就会被砍伐。

依据诸如此类的现象，老子认为，坚强的东西属于死亡的一类，柔弱的东西属于生存的一类。因此强大的处于下位，柔弱的反而处在上位。天下最柔弱的，能够驾驭天下最坚硬的；"柔弱胜刚强"。不仅如此，老子还由此引出一条惊世骇俗的哲学名言："弱者，道之用"，把柔弱看做是道的本性，是天道的表现，是自然的生命力显露。

老子贵柔，他把"弱者，道之用"提炼成一种哲理，一种生命的智慧，一种辩证的方法论，应该说对于现代人也深具警示与启迪意义。

老子善于辩证地处理强与弱、刚与柔、正与反的关系，他能发常人之未发，言常人之未言。他提出的以反求正、强弱转化的方法正是老子的辩证法达到纯熟的一个标志。这说明早在数千年前他对矛盾的普遍存在及对立面的相互转化就有了深入的理解，对于矛盾的转化条件和规律就有了一定的把握，因而他或主张推动这种转化以达到自己的目的，或主张避免这种转化以保持有利的地位。他深知社会人情，了解矛盾运动的复杂性和事物发展趋势的多样性，所以能别出心裁，运用自如。

"弱者，道之用"，触及了辩证思维的生长法则。如果着眼新生事物的成长过程，应该说老子的这种"贵柔"思想是有其合理性的。必须指出的是，老子这种"贵柔"思想是与自然之"道"，是与"容乃公，公乃全，全乃天，天乃道"的公道理想联系在一起的。换句话说，只有代表自然公道、社会人道的新生事物，才能以柔弱胜刚强。此外，柔弱要胜刚强还必须经过斗争，创造必备的转化条件。中国共产党领导的人民军队从最初弱小的"星星之火"，发展成"燎原大火"，凭"小米加步枪"战胜了强大的日本侵略者，消灭了武装到牙齿的蒋介石八百万军队，解放了全中国，整整经历了二十多年前赴后继的流血斗争。因此离开了具体条件，不讲艰苦奋斗，并不是任何弱者都能转化为强者，也不是任何强者都会自动转化为弱者的。更何况柔弱只是新生事物的初始状态，而不是它追求的目标，一味守弱就会成为挨打的对象。

由于时代的局限，老子的辩证法带有不少弱点，特别是他很少强调发挥人的主观能动性。但是，老子毕竟提出了一个较为系统、较为丰富的辩证法体系，这不仅在中国哲学史上是第一个，在同时代的世界哲学史上也

相关链接：物壮则老，谓之不道，不道早已。——《老子·四十五章》

是很少有人能与之相比的。老子那些清醒的有远见的警世格言，对中华民族的思想方法产生过巨大的影响，至今仍对现实生活、人为处世有巨大的启迪作用，他不愧是中华民族伟大的辩证法家。

名家美文话格言

相关链接：弱之胜强，柔之胜刚，天下莫不知，莫能行。——《老子·七十八章》

# 无者，道之本

天下之物生于有[1]，有生于无[2]。

——《老子·四十章》

●●● 释义 ●●●

天下万物，生于有形的具体事物，而有形的具体事物却产生于无形之道。

老子的"道"哲学，奠定了中国古代朴素辩证法的理论基础。黑格尔认为，老子说到了某种普遍的东西，也有点像我们在西方哲学开始时那样的情形。《老子》第四十章中写道："反者，道之动。弱者，道之用。天下万物生于有，有生于无。"这三句话，可视作老子辩证思维的三昧箴言。

第一句箴言："反者，道之动"，触及了辩证思维的矛盾法则。第二句箴言："弱者，道之用"，触及了辩证思维的生长法则。第三句箴言："天下万物生于有，有生于无"，可概括为"无者，道之本"，它触及了辩证思维的生灭法则。

老子书中的"无"也有多重含义。一种是从无到有、无中生有的宇宙万物生成论。另一种无的含义并不认为无即虚空，而与有共同主宰宇宙的生成。老子说："无名，天地之始。有名，万物之母。故常无欲，以观其妙；常有欲，以观其徼。此两者同出而异名，同谓之玄，玄之又玄，众妙之门。"在这里，无与有同出而异名，相反相成。直至现代，海德格尔才发现了无的这一深意。他突破传统的无是有的缺失，亦即"不存在"的肤浅说法，而深一层地理解无为有的"隐藏不显"。同样，现代物理学也告诉我们，"真空"不是绝对的虚无，而是类似于老子哲学"道"的基态量子场。生不是源于绝对的虚无，灭不是归于一无所有的空寂，悟此深理，就可以进入辩证思维的"众妙之门"。

老子的"无者，道之本"的警世名言，对我们今天的创业创新具有特别重要的指导意义。无中生有，就是我们今天特别强调的自主性原始创新。国家知识产权局公布的数据表明：很多企业处在有"制造"无"创造"，有"产权"无"知识"的状况，甚至是在靠仿造过日子。国内拥有自主知识产权的企业仅几千家，仅占约万分之三，有99%的企业没有申请专利。

然而成功企业的实践表明，无中生有，从无到有，别出心裁，敢于创新，是企业做强做大的关键。1997年，只有六七个人的大连亚琪公司开发出一套企业信息管理系统软件，虽然这个DOS环境下的版本并不成熟，但这时的市场需求潜力巨大，对于亚琪来说，如何把现有的不是很优秀的产品卖出去成了当务之急。总经理胡诚经过彻夜的思索，想出了一个无中生有的打开销售渠道计划。同一个上午，《电脑报》《中国计算机报》等五大IT媒体广告部先后接到来自大连的电话："我是大连亚琪电脑公司总经理胡诚，我们计划最近一个月内每期在贵报刊登一期整版广告，同时希望与贵刊建立长期的良好合作。作为合作的起点，我们唯一的要求是每个月月底刊后支付广告费。"事关整个"战役"成败的点睛之作是这样的：在这些广告的结尾，胡诚把事先精心挑选、涵盖全国的300多家主流软件代理商的详细信息一一开列出来。胡诚"无中生有"开列代理商的最大目的是他要把整个销售过程反其道而行之，让用户主动寻找代理商，催促代理商进货！走出这一步妙棋后，公司资金一分未动，胡诚的计划如约展开。一周后，第一轮广告全面刊出，第一批亚琪MIS准备就绪。在广告刊出后的第4天，第一声"惊雷"终于打了进来，一批又一批的软件代理商来电订货了。就这样，从孤家寡人式的沿街叫卖，到 10 天后由 300 家代理商组成的亚琪 MIS 企业信息管理系统销售体系打造完成，没有一分钱投入，一个小公司通过无中生有，玄机百变，很快成为全国著名的 IT 企业。

相关链接：道冲，而用之或不盈。——《老子·四章》

# 有无相生，难易相成

故有无相生①，难易相成，长短相形②，高下相倾，
音声相和，前后相随。

——《老子·二章》

注 ①相生：互相依存、生发。
②形：显现。

●●● 释义 ●●●

因此有与无互相生发，难与易互相生成，长与短互相显现，高
与下互相包含，音与声互相和谐，前与后互相跟随。

道家尚"无"，把"无"作为"道"的根本，把"无"与"有"相生
相推的辩证关系看做"道"的运动的基本表现。"道"是运动变化的，
"道"运动和变化的根本原因，就是"有"和"无"的相互转化。"有"
可以转化为"无"，"无"可以转化为"有"，但转化是有条件的。"有"
和"无"的相互转化、辩证统一，就叫"玄之又玄"。"道可道""名可
名"，说明"道"是可认识的，追究"玄之又玄"即"有""无"转化规
律，是我们认识世界的必由之路。

不仅有与无是一对相反相成的矛盾，而且老子还发现了难与易互相
生成，长与短互相显现，高与下互相包含，音与声互相和谐，从而进一

步揭示了矛盾的普遍性规律。

研究"有无相生，难易相成"的矛盾转化规律，对推进现代化建设事业有很现实的指导意义。

例如，有些专家提出，中国企业只要深刻领会老子的"有无"观，就能很好地推进品牌战略。"有"，即"实"，即有形资产；"无"，即"名"，即无形资产（如名牌）。品牌企业的发展史，实际上是一个"有""无"循环的过程，以实带名，以名促实。如果有丰厚的有形资产作基础，企业打造品牌自然就会相对容易些；有些企业家认为"无中生有"纯属无稽之谈，但实践表明，这是完全可能的。20世纪80年代，海尔还只是一家濒临倒闭的小集体企业，但它通过多次的"无中生有"和持之以恒的"有无相生"，发展到了目前年营业额超千亿元的规模。1996年，一位农民投诉海尔洗衣机排水管老是被堵。服务人员上门维修时发现，这位农民经常用洗衣机洗红薯，泥土大，当然容易堵塞。这事传到了张瑞敏的耳朵里，他要求科研人员研发"洗红薯的洗衣机"。不久，"洗红薯的洗衣机"诞生了。海尔能卖掉几台洗红薯的洗衣机？与其说这是在研发新品，不如说海尔给自己做了一个效果绝佳的广告。

再如，新产品创造也是一个有效需求与"无中生有"的大胆设想互动的过程。1933年，英国专利持有人协会出版了一本书，书名为《梦想成真》，列出895种有待发明的物品，为未来的发明家提供灵感。该协会认为，一般人对这些东西有需求，可惜还没有发明者。几年后，美国发明权威人物耶茨出版了《2100种有待发明的物品》一书，到1951年增订内容时，有待发明的物品已增至3100种。

对有待发明的物品的超前预言，启迪了许多发明家的思路。许多"有待发明"的物品先后由世界各地的发明家制造出来，其中的很多发明至今已普遍被采用。例如洗碗碟用的防水手套、洗碗碟机、防水消毒胶布、透明烘箱门、自动弹起面包的烤灶、篱笆修剪机、可供生物降解的包装纸等。今天的高科技办公室，若是没有那些曾列为"有待发明"的设备，诸如"打字机改错键""电话录音机"等，相信很难发挥那么高的工作效率。

发明创造的过程不仅是一个"有无相生"的过程，还是一个"难易相成"的过程。1933年，很多人希望"丝袜和羊毛袜的廉价代用品"会出现，4年后，发明家制成了尼龙，并取得专利，满足了大众的需求。"不会被唇

相关链接：唯无以天下为者，可以托天下也。——《庄子·让王》

膏弄污的料子""助人在黑暗中视物的眼镜""点着后不冒烟的香烟",50 多年来一直让发明家伤透脑筋,他们至今束手无策。"防滑路面"经过长时间的研究,尚未成功。"可以改装成飞机的汽车"正如"连小孩子也能驾驶的简单飞机"一样,仍然是梦想,有待后人的继续努力。

# 道无常操

相关链接：物之生也，若骤若驰，无动而不变，无时而不移。——《庄子·秋水》

万物各异理，而道尽稽万物之理，故不得不化<sup>①</sup>；不得不化，故无常操<sup>②</sup>。

——《韩非子·解老》

> **注**
> ①化：变化。
> ②常操：不变的操作法则。

释义

　　事物各遵循不同的规律，而道是统摄万物之理的，万物都在演化，统摄万物之理的道也不得不随之演化。道既然不得不随之演化，所以也就没有一成不变的法则。

　　《吕氏春秋·察今》篇讲了这样一个意味深长的寓言故事：

　　楚国有个人乘船渡江，一不小心他的剑从船上掉进水里，这个人一边急忙在船边刻下一个记号，一边自言自语地说："这是我的剑掉下去的地方。"等到船靠岸停下来以后，他就从刻记号的地方跳进水里去找剑。旁观者说，船已经移动了，而掉下去的剑没有动；像这个人这样去找剑，岂不是糊涂透顶吗？

　　这则寓言故事对于那些看不到事物的发展变化，只知一味墨守成规的人，可以说是一个绝妙的讽刺。正是从这个反面"教员"身上，我们可以悟到"道无常操"的道理。

"道无常操"是韩非子在《解老》篇中提出来的一个以理论道的新命题。他认为世界万物各有自己特殊的规定性，所以万物虽各异理，而道是统摄万物之理的，万物都在演化，统摄万物之理的道也不得不随之演化。道既然不得不随之演化，所以也就没有一成不变的法则。

我们知道，春秋战国时期，法家中的不少政治代表人物，如管仲、子产、李悝、商鞅等，都是顺应历史发展趋势的改革派。韩非子作为法家思想的集大成者，不仅完整地提出了法、术、势相结合的治国方略，并且从"道无常操"的思想出发，强调了反复古守古与一味讲仁政的历史变化论、法治论，从而凸现了中华道学的功利性、世俗性之维。

正因为"道无常操"，所以历史是不断变化的。时代变化了，"世异则事异，事异则备变"。

正因为"道无常操"，所以法应随变。"古者，丈夫不耕，草木之实足食也；妇人不织，禽兽之皮足衣也。不事力而养足，人民少而财有

余，故民不争。是以厚赏不行，重罚不用，而民自治。今人有五子不为多，子又有五子，大父未死而有二十五孙，是以人民众而货财寡，事力劳而供养薄，故民争。虽倍赏累罚，而不免于乱。"因此，"上古竟于道德，中世逐于智谋，当今争于气力。"而"争于气力"之世，是"君臣交计，父子相为"的冷酷世界，不能单靠仁政，而必须峻于法治。明法，令必行，禁必止，才能规范人之私欲，逼臣为君，引私为公。

韩非子的极端理论，撕破了人间一切温情美好的面纱，还事物以残酷面目，反映了战国末期原始氏族传统的彻底崩溃，私利贪欲已成为支配人际关系的主要杠杆，"恶的原则"已成为推进阶级文明的第一驱动力。对这种"恶的原则"的两重性，黑格尔说了一句很深刻的话："人们以为，当他们说人本性是善的这句话时，他们就说出了一种很伟大的思想；但是他们忘记了，当人们说人本性是恶的这句话时，是说出了一种更伟大得多的思想。"恩格斯评价说，在黑格尔那里，恶是历史发展的动力借以表现出来的形式。这里有双重的意思：一方面，每一种新的进步都必然表现为对某一神圣事物的亵渎，表现为对陈旧的、日渐衰亡的、但为习惯所崇奉的秩序的叛逆；另一方面，自从阶级对立产生以来，正是人的恶劣的情欲——贪欲和权势欲成了历史发展的杠杆。这就是历史的辩证法，这就是人类在阶级文明阶段不得不付出的代价。这也就是韩非子正视现实，要补充道的功利性之维、人性恶之维，强调法治的历史合理性之所在。

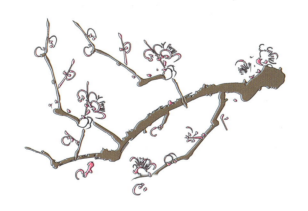

# 天地之道，物盛则衰

**天地之道：极则反，满则损。五采曜眼有时而渝①，茂木丰草有时而落。物有盛衰，安得自若②。……危则谋，极则反，满则损，故君子弗满弗极也。**

——刘向：《说苑·谈丛》

 ①渝：改变。
②自若：像平常一样。

 释义

　　天地的规律是物极则反，自满则损。耀眼的五彩有时会变色，丰茂的草木有时会枯落。事物发展有盛有衰，怎么能像平常一样。……困危生谋，物极则反，自满则损，所以君子不要自满，不要走极端。

　　根据考古学和古文献学资料，确切可知新石器时代中期，中国原始农人已开始观察天象，并用以定方位、定时间、定季节了。裴李岗、半坡及其他许多新石器时代遗址中，房屋都有一定方向，在氏族墓地上，墓穴和人骨架的头部也都朝着一定方向。传说早在颛顼时代就有了"火正"的官，专门负责观测红色亮星"大火"（心宿二），根据其出没来指导农业生产。更可贵的是，中国的哲人从对天象的观察中导引出了"日

名家美文话格言

相关链接：日中则移，月满则亏，物盛则衰。——《战国策·秦策》

中则移，月满则亏，物盛则衰"，"天地之道：极则反，满则损"的警世名言。

　　这条从自然规律中引出的警世名言，同样适用于社会人事。"江郎才尽"这一成语说的就是南朝著名诗人江淹盛极而衰的故事。江淹早年家境贫寒，所以学习刻苦，"留情于文章"，而且非常注意向前辈有成就的人学习，"于诗颇加刻画，天分不优，而人工偏至"，也就是说他虽缺乏做学问的条件，但却以加倍的努力去钻研。由于他的刻苦努力，江淹由一个出身寒微的人而位居高官，封醴陵侯，诗赋也颇负盛名。然而做了大官之后，他的诗文成就却一落千丈。

明道

相关链接：慎终如始，常以为戒。战战栗栗，日慎其事。——刘向：《说苑·谈丛》

为什么正值盛年，生活条件又更好的江淹却会才思枯竭了呢？传说江淹有一次在凉亭睡觉，梦见大诗人郭璞向他讨还毛笔，他从怀里掏出一支五色笔给郭璞，此后，写出的诗篇就平淡无奇。又说他有次乘船，泊于禅灵寺旁，梦见张景阳向他讨还了几尺绸锦，以后写的文章就无文采了。江淹的诗文到后来退步是真有其事，为历代诗家文士所公认；但他盛极而衰、一落千丈的根本原因并不是胡编出来的这些子虚乌有的梦话，而是到了后半辈子他地位改变了，官做大了，名声也大了，认为平生所求皆已具备，功名既立，须及时行乐了。于是他由嬉而随，耽于安乐，自我放纵，再不求刻苦砥砺了。他自己说他性有五短，其中的"体本疲缓，卧不肯起"和"性甚畏动，事绝不行"等就属于"随"的劣性。"随"导致他事业心消磨，他只"望在五亩之宅，半顷之田"，什么治国平天下的雄心壮志都烟消云散了。这样做人做事的结果怎能会不落得个学疏才浅、诗文褪色、"绝无美句"的下场。

　　从"江郎才尽"的故事中，我们应牢记"危则谋，极则反，满则损，故君子弗满弗极也"的教训。

名家美文话格言

相关链接：末大必折，尾大不掉，君所知也。——《左传·昭公十一年》

# 成功之道，赢缩为宝

**成功之道，赢缩①为宝。**

——《管子·天地》

> **注** ①赢缩：盈缩，进退。

••• 释义 •••

人生事业成功的规律，最重要的是能伸能缩。

"成功之道，赢缩为宝"，这是大政治家管子总结自己成功的人生事业而得到的一条重要规律。

管子即管敬仲，名夷吾，字仲，颍上（今安徽颍上）人。春秋初期杰出的政治家。少时家境贫寒，年轻时曾与好友鲍叔牙一起经商，鲍叔牙知其家庭穷困，赚了钱给管仲很多。后来，鲍叔牙跟从公子小白，管仲跟从公子纠（与公子小白同父异母）。公子小白被立为国君，就是历史上一代有为之君齐桓公。公子纠争位失败而死，管仲被囚在槛车中，判为死刑。然而鲍叔牙知道他的雄才大略，大力推荐，齐桓公也敢于用才，任命管仲为相，后任命为卿，尊称"仲父"。管仲则能进能退，不图个人功名利禄，热心国政，在齐国进行了一系列改革。他辅佐齐桓公以德霸天下，用"尊王攘夷"的口号为号召，九合诸侯，一匡天下，使齐桓公成为春秋时期五霸之首。

抓住机遇，善于进退，成功事业的例子，在现代社会就更多了。田长霖是第一个不是出生在美国而成为美国第一流大学校长的华人。20世纪50年代他只带着300美元的一张单程飞机票去了美国，1990年这位热辐射和热传导的专家不畏强敌，敢于进取，与美国258位著名教授一起报名竞选柏克莱加州大学校长之职，最后他成了该校建校122年以来乃至美国历史上首位担任一流大学校长的亚裔人士。

柏克莱加州大学是全美自由风最盛、最难治的学校之一，但是田长

霖力排阻难，大刀阔斧地实行了改革。在任内的前6年，他为学校筹款高达7.8亿美元，在美国公立大学同类学校的筹款中排名第一，也创下了柏克莱加大历史最高纪录。他领衔主持的学校科研群英会，又一次震撼了美国乃至世界科坛。据全美研究委员会当年评估，柏克莱加大的研究所排名世界第一，其博士班的课程也排名全美第一，36个博士班计划中有35项排名前10名，成绩超过斯坦福、哈佛、普林斯顿、麻省理工、耶鲁与康乃尔大学。

面对如此出色的成绩，1997年田长霖却出人意料地提出了辞呈。他说："我提出辞呈，原因很多。我已经当了7年的校长，做了许多的工作，不需要恋栈，所以在名望最高的时候退下来。"当时，美国总统克林顿夫妇在震惊之余还写信挽留他，州长在医院里开刀还打电话要求他不要辞职。

然而这不是一种单向的功成身退，而是以退换进。田长霖有一颗爱国之心，身在他国却心系故国家园。他退下来后频繁穿梭于中美之间、海峡两岸，为促进彼此的科教文化交流与合作而奔波。现在，田长霖以自己特殊的身份与出色的才干，继续书写着人生更光辉的成功业绩。

相关链接：见可而进，知难而退，军之善政也。——《左传·宣公十二年》

# 德性<sub>之</sub>道

与天道相对的人道关注人性关系，儒家高扬了人道中的德性之维。几千年来德性之道成为中华文化的主导构架，其合理内核至今仍需要我们传承弘扬。

# 天命靡常，唯德是辅

**天命靡常①，唯德是辅②。**

——《尚书·多士》

相关链接：皇天无亲，唯德是辅。——《左传·僖公五年》

> **注**　①靡常：无常。
> 　　②辅：协助。

●●● 释义 ●●●

上帝赋予的天命并不是固定不变的，上帝只辅助有德行的人。

　　古人讨论天道与人道关系的一个重要话题，是探究天帝与人间君王的关系问题。而历代的统治者为了给自己的政权涂上神圣的色彩，总要把自己吹成是上帝天命的接受者。例如汉朝的开国皇帝刘邦，原本是乡间一个游手好闲的无赖，当皇帝后就制造了这样一个神话：

　　刘邦生前，他母亲有事外出，路过大泽，累了就在堤上小坐，闭目养神。似寐未寐时，蓦然见一金甲神人，从天冲下，立在身旁，她一时惊晕过去，也不知神人做了何事。刘父在家惦念妻子，见其久出未归，就出去寻找。刚要出门，见天上突然昏黑，电光闪闪，雷声轰轰。刘父急忙带了雨具，奔向大泽。远远看见堤上睡着一人，好像是自己的妻子。但见半空中有云雾罩着，回环浮动，隐约露出鳞甲，像有蛟龙往来，当下有点儿害怕，就停住了脚步，不敢近前。一会儿云收雾散，天又明朗，刘父赶紧走上前看，果然是自己的妻子，便问她是否受惊。她回答说："我在此休息，忽见神人下降，遂至惊晕，此后未知何状。今始醒来，才知乃是一梦。"刘父复述了雷电及蛟龙等状，他妻子全然不知。过后，两人便回家了。之后她怀了孕，生下一男儿，长颈高鼻，左股有72颗黑痣，取名为邦。借这个神话，刘邦就成了受命于天的合法的真龙天子。

既然皇帝都是受命于天帝，那么为什么会屡屡发生改朝换代的事情呢？这个问题也突出地摆到了刚刚夺取政权的周朝统治者面前：为什么作为一个小邦的周族能取代统治了数百年的殷商大族？为什么"昊天大降丧于殷"，转而对周人格外青睐呢？从这一严肃问题的思考中，周人得出"天命靡常，唯德是辅"的逻辑推理，提出了天对王告诫，"宜鉴于殷，骏命不易。命之不易，无遏尔躬"，从而构筑了一整套新的统治者"以德配天""敬德保民"的理论。

周成工执政后的第 年三月，周公旦被派去管理新都洛邑。周公面对熙熙攘攘的殷商遗臣们严正告谕了周成王的命令："你们这些殷商的遗臣呀，纣王不敬重上天，所以上天才降下大祸，灭亡了你们殷人的国家。我们周国捍卫上天的命令，奉行上天威严的旨意，执行王者的惩罚，所以才替天行道，宣告你们殷商的国命被上天终绝。……你们都看到了，并不是我们小小的周国胆敢夺取殷国的大命，而是因为上天痛恶诬妄暴乱，不愿把大命交给为非作歹的小人而辅助了我们。假如没有上苍的允许，我们岂敢奢望这拥有四海的王位？作为天帝的下民，我们别无选择，只能一心一意秉承上天的旨意行事，上天是多么圣明，又是多么威严啊！"

"上天不会把天命交给那种不知德行为何物的人。大邦也好，小国也罢，四面八方所有那些走向灭亡的国家，它们不可避免一定要遭受惩罚，而且没有哪一个不是罪有应得。"周公旦说到了这里，引出一个既是教训殷人，也是告诫周人的有普遍意义的警世格言："天命靡常，唯德是辅。"

"德"观念的出现，在中国义化史上具有划时代的意义。考古学者发现，在商代甲骨文中，还没有"德"字。在周代文献中，"德"即频繁出现。在《尚书·周书》中，几乎每篇都有对"德"的叙述，既充满"明德""崇德"的说教，也显示周人"小心翼翼，昭事上帝""以德配天""敬德保民"的心态。为永葆周朝的统治使命，周公摄政时亲自主持制礼作乐的大事。从周公制礼到孔子提出仁学，中华先贤们在世界文化史上首先推进了尊神性的巫史文化向尊德性的礼乐文化的转化，同时也规范了以德性为主导的中国文化的发展趋势。

名家美文话格言

相关链接：黍稷非馨，明德惟馨。——《尚书·君陈》

# 立人之道在仁义

水火有气而无生，草木有生而无知，禽兽有知而无义，
人有气有生有知亦且有义①，故最为天下贵②也。

——《荀子·王制》

注　①义：仁义。
　　②最为天下贵：是世界上最宝贵的。

**＊＊＊＊释义＊＊＊＊**

　　人与水火等物理现象相比，他具有生命；人与有生命的草木
相比，他具有知觉等心理活动；人与有知觉等心理活动的禽兽比，
他具有仁义。人有气、有生、有知、有义，因而人是世界上最宝
贵的。

　　人是自然界长期演化的产物，是大自然的一部分，因此道家用自然天
道来推论人道有其合理性的一面，但是强调过头了，就会产生以天道来取
代人道，抹杀人的特殊性、能动性的弊端。正是针对这一弊端，儒家高扬
人道旗帜，突出研究人的特殊性、能动性。

　　孟子在研究人性时，就仔细观察过这样一个现象：当一个蹒跚学步的
小孩子在井边玩耍，一不小心将要掉入井里时，在井边上的任何成年人都
会产生惊骇同情的心理，替那个孩子担忧。他们一定会忍不住要上去拉一
把，使这个孩子幸免于难。然而，这个为孩子担心的人，可能既不是想与

相关链接：圣人裁物，不为物使。——《管子·心术》

孩子的父母攀交情，也不是想在乡亲朋友面前沽名钓誉，更不是因为害怕听到孩子的哭声。他之所以做善事，只是出于一种人性生而有之的"恻隐之心"。所以孟子认为，人与禽兽的根本区别在于有没有这样五种德性，即仁、义、礼、智、信。据此儒学家们得出的结论是：人之所以不同于其他动物，是因为人不仅仅是自然的存在，而且还是一种道德的存在。

　　儒学的另一位大师荀子也详尽观察了人与自然界其他事物的区别，展示了自然界演化的递升过程：人与水火等物理现象相比，他具有生命；人与有生命的草木相比，他具有知觉等心理活动；人与有知觉等心理活

动的禽兽比，他具有仁义。从有气，到有生，到有知，再到有义，人处在自然进化的最高端，因而也最为可贵。

荀子在两千多年前得出的这个结论，有两点特别可贵：

第一点是他肯定的"禽兽有知"，已为现代动物学所证实。例如随着大脑皮质的出现和发展，动物脑的低级中枢的活动就开始处于皮质的控制下。由低级中枢主管的本能行为也就逐渐得到调节，动物的行为受个体经验的影响也越来越大，并且越来越善于学习了。有人摘除了鸽子的大脑皮质，鸽子的行为只表现出某种程度的迟钝；摘除了狗的大脑皮质，狗还能勉强站立、行走、吞食和排泄；但摘除了大脑皮质的猴子，则既不能站立，也不能行走，完全失去了独立活动的能力。这说明从动物智能来说，越是高等动物，行为中本能成分越少，学习成分越占主导地位，对环境的知觉适应能力也越强。

第二点是荀子充分肯定了人是自然界的最高产物，"最为天下贵"。这一重要思想也为近现代的科学家、思想家所认同。

明道

相关链接：惟仁者宜在高位。不仁而在高位，是播其恶于众也。——《孟子》

# 夫子之道，忠恕而已矣

夫子之道，忠恕①而已矣。

——《论语·里仁》

相关链接：子贡问曰：「有一言而可以终身行之者乎？」子曰：「其恕乎！己所不欲，勿施于人。」——《论语·卫灵公》

> **注** ①忠恕：宋代朱熹在《四书集注》中说，"尽己之谓忠，推己之谓恕"。

●●● 释义 ●●●

孔夫子一以贯之的道，只是忠和恕两个字罢了。

用忠和恕两个字来概括孔夫子一以贯之的道，可谓深得儒学精髓。这句格言源自《论语·里仁》篇。孔子说："曾参呀！我的学说是以一个东西贯穿着的。"曾参说："是的。"孔子出门后，弟子们问曾参说："这是什么意思呢？"曾参说："老师的学说，就是忠、恕二字呀！"

忠恕是孔子之道的核心，是儒家的伦理范畴，是处理人与人之间关系的原则。什么是忠恕呢？曾子说"为人谋而不忠乎"，强调了下级对上级的忠诚。宋代朱熹在《四书集注》中进一步指出："尽己之谓忠，推己之谓恕。"自己想达到的也帮别人达到是忠；自己不想做的事，就不要强加给别人是恕。

曾子作为孔夫子的得意门生，以自己有始有终的一生来实践着老师的这一"一贯之道"。

　　曾子晚年病了，他知道自己快死了，就叫自己的弟子来看看自己的手，看看自己的脚。以孝著称的曾子在临终之时为什么要这样做呢？因为他想到自己的生命本来无有，是父母所给予的。所以，尽管他已无力支配自己的身体，却仍要弟子帮助"启手足"，在看到手脚都完整无损之后，才觉得可以问心无愧地离去。曾子一生恭行孝道，力求德行完美，其行为举止正如他所引用的《诗经》的话，是"战战兢兢，如临深渊，如履薄冰"。在确信自己能以全身奉还给父母天地之后，他终于可以说"而今而后，吾知免夫"，从此可以免除任何过失了。他将日常的仁义礼法规范都落实在孝上，使自己的行为不给父母留下恶名，做到生得欢乐，死亦欣然，善始善终。这种至死都想着父母、想着别人的伦理德性，也就是孔子讲的恕道。

　　曾子作为儒家践行道德的楷模，不仅始终遵循恕道，而且坚守对君王、对礼法的忠诚之道。《礼记·檀公上》记载：曾子临终前，身下铺着国君所赐的大夫才能用的席子，守候在身边的亲属、弟子未觉得这有什么不安，可服侍的童子却觉得有问题，并不顾他人反对，提醒曾子这不合礼仪。曾子听后非常不安，尽管自己生命的灯火即将熄灭了，连翻身讲话的力气都没有了，但仍坚持要其子女和弟子"易簧"（替换席子），并责怪自己的弟子和孩子们对自己的爱不如童子。因为爱人、尽孝首先必须合礼，曾子不是大夫，他不应枕着大夫才能享用的席子辞世。人从生到死，不能于礼有违，对君王不忠，即使临死也不能使心有不安，不能有损忠恕之道，必"得正而毙焉，斯已矣"。

　　曾子在他的最后时刻坚持"易簧"，虽说是"反（返）席未安而没"，家人还未来得及换席曾子就死了，但他确实可以放心无悔而去了。直到他的生命的终了，也没有因为违背礼法而留下遗憾。

　　无独有偶，另一位曾直接聆听孔子讲忠恕之道的学生子路，面对死亡也不忘结缨，从容而死。当时，子路做了卫国大夫孔悝的家臣。后来孔悝与卫灵公的儿子合谋发动了叛乱。子路不愿再跟随孔悝，于是他们就追杀子路，子路身负重伤，帽带被扯断了。子路说："君子死，冠不绝。"接着便系好帽带，不一会儿就去世了。

　　在这里，礼法的价值要高于生命，死生之变都不能动摇子路与曾子对忠恕之道的追求。应该肯定这种求道贯道的精神是十分难能可贵的。但是儒家过分强调礼仪、名分不能僭越，后来的儒生更是把封建的"三纲五常"作为不可动摇的"天道"，这显然是错误的，这也是历代的封建帝王要把儒学作为奴化人心、维护自己的封建统治的原因之所在。

# 盗亦有道

盗跖大怒曰："丘①……今子修文、武之道，掌天下之辩，以教后世，缝衣浅带，矫言伪行②，以迷惑天下之主，而欲求富贵焉，盗莫大于子。天下何故不谓子为盗丘，而乃谓我为盗跖？"

——《庄子·盗跖》

> 注
> ①丘：孔子名丘。
> ②矫言伪行：矫揉的言论，虚伪的行为。

●●●●释义●●●●

盗跖怒对孔丘说："现在你修习周文王、武王治国之道，掌握天下的舆论，用来教化后代，宽大的衣裳，浅薄的腰带，矫揉的言论，虚伪的行为，用以迷惑天下的君主，而想要求取富贵，强盗之中再也没有比你更大的了。天下人为什么不把你叫做盗丘，而把我叫做盗跖呢？"

庄子在《盗跖》篇中讲了一位"从卒九千人，横行天下，侵暴诸侯"的农民起义领袖盗跖训斥孔子的故事。这位被贬为"强盗"的农民起义领袖讲的一番道理，居然把孔子驳得"目茫然无见，色若死灰，据轼低头，不能出气"。庄子借盗跖之口，振振有词地说出了一番"盗亦有道"的理由，以此说明道的普遍性，并借此揭露孔孟的伦理之道的局限性。

相关链接：六经纷错，百家繁炽，开荣利之途，故奔骛而不觉。——《嵇康集·难自然好学论》

相关链接：弃道术，舍度量，以求一人之识识天下，谁子之识能足焉？——《慎子·逸文》

其实在阶级社会里谁是强盗，谁是善人？不同的阶级有不同的结论。像梁山起义好汉劫富济贫，被封建统治者骂为强盗，但他们在忠义堂树起的大旗，则大书"替天行道"。中国共产党领导的红军在土地革命战争中打土豪、分田地，也被蒋介石作为"赤匪"一剿再剿。而骂别人强盗、赤匪的人，"窃国为侯"，才是真正的大盗。由此可见要区分真盗还是假盗，不仅要看他们的口头宣言，更要看他们的实际行动在贯彻什么样的"道"，是为老百姓的"公道"，还是为一家一己劫财的"私道"。

这是"盗亦有道"的一层意义，它涉及的只是人与人、阶级与阶级的关系。"盗亦有道"的另一层意义，则涉及人与自然的关系。道家的另一位思想家列子在《列子·天瑞》篇中也讲了一则"为盗之道"的寓言。

列子写道，齐国有家姓国的人很富，而宋国有家姓向的人很穷。一天，姓向的人特地从宋国到齐国去，向姓国的人请教发财致富的诀窍。

姓国的人告诉他说："我不过会偷盗罢了。"姓向的人听了非常高兴。但他只记住了做强盗这句话，回去以后便翻墙打洞，凡是手所能摸到的、眼睛所能看到的，无所不偷。没有多久，官府以盗窃罪把他抓住了。姓向的人倒了霉后，越想越懊恼，认为是姓国的人哄骗他，便找上门去抱怨他。

姓国的人问："你是怎样偷的呀？"

姓向的人把偷盗的经过告诉了他。姓国的人说："哎呀！你违反做贼的道理竟达到如此境地啊！现在我特意把这道理告诉你吧！你听说天有春夏秋冬之时序，地有稻粱菽黍之出产吗？我偷的正是这种天时地利呀。云雨可以滋润庄稼，山林沼泽可以植树养鱼，我利用这些来种植我的庄稼，修筑我的墙垣，建造我的房屋。在陆地上，我'偷盗'飞禽走兽；在水里，我'偷盗'鱼、鳖水产，真是无所不'偷'。五谷、瓜果、庄稼、土地树木、飞禽走兽、鱼虾龟鳖都是自然界里生长的，哪一件是属于我的呢？然而我偷自然界的东西却是遭不到祸殃的。可是金银、珠玉、谷帛、钱财货物，都是人们积聚起来的，哪一件是自然界所赐予的呢？你去偷这些东西而获罪被捕，那怪得了谁呢？"

这则寓言提出了两种"为盗之道"：一种是向自然界索取财物的劳动

之道，一种是劫取他人财物的偷窃之道，前者致富光荣，后者发财可耻。姓向的人只从词句的表面意义去理解问题，不去区分两种"为盗之道"，结果违法犯罪，受到惩罚。反之，遵循劳动之道，自然界就会为他提供合法的财富。然而今天要提醒我们的是，通过劳动向自然界索取财物也不能过了头，违背生态平衡规律，人类也是会受到惩罚的。

相关链接：君子爱财，取之有道。——《增广贤文》

# 人能弘道，非道弘人

**人能弘①道，非道弘人。**

——《论语·卫灵公》

> **注** ①弘：发扬光大。

●●● 释义 ●●●

是人的德行才智发扬光大了天地之道，而不是天地之道发扬光大了人的德行才智。

与道家强调自然之道的客观性不同，儒家更多地张扬了人的主观能动性。"人能弘道，非道弘人"这句警世格言，就强调了人在发现道、弘扬道上不能消极无为，而必须积极作为。在这一警世格言的鼓励下，中外古今出现了许多以弘道为己任、百折不挠地献身人类进步事业的仁人志士。孟德尔以一生心血认定一个目标，默默无闻地进行生物遗传的科学实验，就是一个突出的事例。

对于生物性状遗传问题的探索，孟德尔早就十分关注了。1856 年春，孟德尔向修道院要了一块植物园中废弃不用的荒地，并进行了杂交实验。他挑选了 22 个性状稳定的豌豆品种，又选出其中 7 对性状可以明显区分的，如黄色和绿色的叶子，高茎和矮茎，光滑的叶子和皱皮叶子，豆荚饱满和不饱满的等等。他把具有成对不同性状的豌豆进行人工杂交（例如矮茎×高茎，圆粒×皱粒等），然后把杂交产生的第一代杂交种再相互交配，并仔细记录它们"子孙"的各种特点。在长达 8 年的实验过程中，他一共栽培了数以千计的豌豆植株，进行了 350 次以上的人工授精，挑选了 1 万多颗各种性状的种子。

豌豆实验的结果证实了他预想的结论。于是孟德尔在 1865 年 2 月的布尔诺自然科学研究会上宣布了植物遗传和变异的两条规律，这就是著名的孟德尔遗传规律。布尔诺自然科学研究会会刊发表了孟德尔的这篇演讲稿，标题是《植物杂交实验》。遗憾的是，这部价值非凡、论证严谨的科学著作没有引起世界科学界的重视。布尔诺自然科学研究会当时同各国 120 多个

相关链接：道无成效于人，成效者须道而成。——五充：《论衡·非韩篇》

科研机构和高等院校都交换出版物，因此，各国学者都有机会读到这部不朽的著作。但是，绝大多数印本都被丢在图书馆里无人问津，连德国植物学家——欧洲研究植物杂交的权威耐格里教授也没有认识到它的巨大价值，只认定孟德尔的结论是实验的偶然结果。

孟德尔尽管晚年寂寞凄凉，但他对自己一生追求的科学事业仍充满信心。他曾对尼耶塞尔教授说过："我的时代一定会到来！"这句话成了预言，但这一预言直到孟德尔去世后16年，他的名著《植物杂交实验》正式出版后34年才变成现实。孟德尔虽然生前没有看到他的成果为社会承认接受，但后人永远不会忘记他的历史功绩。1910年，世界各国学者为纪念这位现代遗传学的发现者和奠基人，集资在布鲁诺修道院前的广场上，为孟德尔建立了大理石雕像。孟德尔为发现科学真理而默默耕耘的一生，充分体现了"人能弘道，非道弘人"这句警世格言。

# 富贵要以道得之

**富与贵，是人之所欲也，不以其道得之，不处①也。**
**贫与贱，是人之所恶也，不以其道得之，不去②也。**

——《论语·里仁》

**注** ①处：占据、接受。
②去：摆脱、去除。

＊＊＊＊释义＊＊＊＊

　　富贵荣华，是人人都想要的，但不用正当的方法得到它，君子是不会接受的。贫穷卑贱，是人人都厌恶的，但不用正当的方法摆脱它，君子是不会去逃避的。

　　"君子爱财，取之有道"，遵循这一古人遗训，中华大地上涌现出一批又一批"为富而仁"、有德有才的儒商。春秋时期有泛舟五湖、"三致千金"的陶朱公范蠡，现代有被毛泽东主席誉为"中国民族工商业第一大户"的荣德生先生等。这些令人敬佩的儒商，无不身体力行了"富与贵，是人之所欲也，不以其道得之，不处也"的警世格言。

　　在无锡梅园的颂豳堂中，有一副隶书对联："发上等愿，结中等缘，享下等福；择高处立，就平处坐，向宽处行。"这副对联反映了荣德生的人格精神和价值取向，也是其一生立身处世的写照。

荣德生毕生致力于发展民族工业，他以敏锐和深邃的洞察力，看到带有封建色彩的工头制是阻碍中国企业发展的一大弊病，必须革新工业管理制度。于是，他吸取西方科学管理方法，并融入中国传统文化，创立了"以人为本，以德为先，恩威并用，以德服人"的经营管理思想。

荣德生修身治家，及至治厂，节俭勤励。他身为巨富依旧是瓜皮小帽，布衫布鞋，出客才套一件呢马褂。民国元年（公元1912年），荣德生赴京参加全国工商会议，买了一顶呢毡帽，一直用了十多年。平时饮

食清淡，不吃鸡鸭，不吃蹄膀，以蔬菜、豆腐为主。在厂里，与职员一道用餐，两荤两素一汤，不吃小灶；每次出差去上海，只坐三等、二等车厢，花两角钱泡两杯茶。

抗战时期，他向驻军捐赠大批面粉，鼓励军队抗击日军。抗战胜利后，国民政府善后救济总署让他填写调查赔偿损失表格，荣德生十分认真地说："如由中国自己的政府赔出，我们一分不要，可以不必填，因为我们可以自力更生，自谋恢复。如能由敌方赔偿，不问多少巨细，都乐于接受，因为可使人们知道世界尚有公理，不能仅凭强权就可以予取予求。"

荣德生一生自奉节俭，但对于捐助施舍及社会公益却出手大方。他遵从"普济民众"的家训，一生致力于兴办教育，先后办了公益小学 4 所，竞化女学 4 所，公益工商中学及梅园读书处各一处，费用均在私人名下支付，直至创办江南大学时，始有各厂协助。他还捐资筑路修桥，造福地方，修筑马路计有近百里；成立"千桥公司"，在江南诸县修造桥梁，迄止抗战前十余年间，造桥逾百。他修建的梅园，常年对公众开放，不收门票，后来他又将梅园捐献给国家。荣德生这种"君子爱财，取之有道"，"有德有才，为富而仁"的可贵品格，值得后人认真学习。

# 君子学道则务本

**君子学道则务本①，小人见利则忘生②。**

——邵雍：《善恶吟》

> 注 ①本：根本。
> ②忘生：不顾性命。

●●● 释义 ●●●

有道德的君子学道要抓住做人的根本，而卑劣之人却不顾性命去追逐利益。

宋代理学家邵雍在《善恶吟》中提出"君子学道则务本，小人见利则忘生"这句警世格言，指出了学道要学根本，做人不能见利忘义，确是我们做人处世的座右铭。

阶级文明把个人私利的追求、个人私欲的满足、个人财富的积累作为推进社会进步的第一驱动力。为了追求私利，满足私欲，人们往往不择手段，坑蒙拐骗，无所不为，丧尽天良。

以私利追求为目的，以私有制为基础，以阶级奴役为手段的阶级文明，一方面充分调动了个体的积极性，促进了社会生产力的发展，另一方面又把人性的阴暗面推向极端，让贪欲、权欲、肉欲的浊浪四处泛滥。直至今天，我们还能看到有些人为了发横财，到处诈骗；有些人为了升官，四方钻营；更有一些人因贩毒、抢劫、贪污，而走上断头台。"小人见利则忘生"，是这些人活脱脱的生动写照。

正是总结了这些人的人生悲剧，邵雍提出"君子学道则务本"。实践证明，学道只有抓住做人这个根本，才能深悟中华道学的真谛。战国时期著名的医学家扁鹊初学医时，领悟医道与人道关系的过程，就很能说明这个问题。

扁鹊从小就勤奋好学，一心想学医救人。离扁鹊家不远的地方，有一位名叫长桑君的医术高明的老大夫，他发现扁鹊是棵学医的好苗子，就有意将自己的医术传授给他。

一天，长桑君把扁鹊叫到面前，开门见山地说："你如果愿意跟我学医，就到南山采药去吧，一年之后再来见我。"扁鹊毫不犹豫地点了点头，第二天一早，就带着工具和药样出发了。他翻过一座座山峰，穿过一片片森林，历尽千辛万苦，在这 年中他不但认识了许许多多药材，而且基本掌握了这些药材生长、采挖的规律。

长桑君见扁鹊满载而归，微微一笑："你还要去给人们切脉，不完成五千例不能回家。"

扁鹊二话没说，又背起药箱奔走四方。他为各种各样的人切脉，从脉象的变化中，细细揣摩人体的病症。当他完成五千例医疗任务兴冲冲返回老师住处的时候，吃惊地发现长桑君正躺在床上低声呻吟。原来在扁鹊外出期间，长桑君不幸中风偏瘫，右半身已不能动弹。

扁鹊心疼如割，他不顾旅途劳累，放下行李就给恩师烧水煮饭，熬汤煎药。晚上，他又端来一大盆热水，蹲在床前给老师洗脚，洗着洗着，长桑君左脚一蹬，把盆子踢翻了，水浇湿了扁鹊的衣服、鞋子。扁鹊一点也不在意，转身铲来一些灶灰，撒到了湿漉漉的地上，接着，又忙着安顿老师入睡。正在这时，长桑君突然觉得喉中瘙痒，"呸"的一口痰不偏不倚吐到了扁鹊的脸上。扁鹊毫不责怪病人，更没有一句怨言，而是默默地掏出手帕把痰擦掉了。

夜深了，长桑君把扁鹊唤至床前，深情地说："你已经经受住了三次考验。上山采药，对你识药用药大有好处；按脉切诊，对你断病治病很有帮助；今天，我又亲眼看到你对病人体贴入微，胜似亲人。作为一个好医生必须具备的三点，你都有了。现在，我可以放心了。"说到这里，老人用

相关链接：子曰："君子求诸己，小人求诸人。"——《论语·卫灵公》

颤抖的左手从枕下摸出自己珍藏多年的医书，小心翼翼地交给了扁鹊。

从此，扁鹊边攻读，边实践，医术提高得更快了，终于成为既有人道，又有医道的一代名医。

# 邦无道，富且贵矣，耻也

邦①有道，贫且贱焉，耻②也；邦无道，富且贵矣，耻也。
——《论语·泰伯》

> 注 ①邦：国家。
> ②耻：耻辱。

●●●● 释义 ●●●●

国家政治清明、恪守道义而自己贫贱，这是耻辱；国家政治黑暗、社会动乱而自己富贵，这也是耻辱。

"邦有道，贫且贱焉，耻也；邦无道，富且贵矣，耻也"，这也是为历来有志气有骨气的中国人奉为做人处世准则的一条警世格言。

国家政治黑暗、社会动乱而自己富贵，这是君子的耻辱。以"药王"美称载入史册的孙思邈，就在这方面为我们作出了榜样。

孙思邈是唐朝华原（今陕西耀县）人。他少年时代本来酷爱文学，可后来突然发生的一场天灾人祸，使他改变了志向。这一年，华原一带大旱，井水干涸，庄稼枯死，接着又瘟疫流行，许多村庄成了"无人乡"。孙思邈也染上了疫症，幸亏一位云游郎中路过此处，用几剂良药救了他的性命。这件事引起了孙思邈的深思。他想，在猖獗的瘟疫面前，自己的满腹诗书一点用也没有，两榜进士出身的华原县令也逃之夭夭，把十几万黎民百姓

077

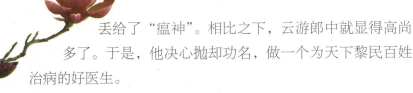

丢给了"瘟神"。相比之下，云游郎中就显得高尚多了。于是，他决心抛却功名，做一个为天下黎民百姓治病的好医生。

可时过不久，朝廷突然传下圣旨，急宣孙思邈进京，授官国子监博士。这在当时是读书人追求富贵的一条青云之路。然而孙思邈却根本不把高官厚禄看在眼里。他向钦差再三推辞。钦差变了脸，怒喝道："不必多说。限你三日内进京面君，违了期限，以欺君论罪。"说罢，催马而去。

面对生死考验，贫富选择，孙思邈毅然告别慈母，离开故乡，浪迹天涯，为苦难中的百姓行医治病。经过多年奋斗，他终于成为一代名医。

国家政治清明、恪守道义而自己贫贱，这也是志士仁人的一种耻辱。在这一方面，当代著名科学家、中国火箭之父钱学森，可以说是一个难能可贵的典范。

1947年，年仅36岁的钱学森获得了美国麻省理工学院终身教授的职位，这在美国乃至整个世界的学术界都是一项很大的荣誉，然而他的心里却始终向往着自己的祖国。1949年新中国成立了，毛泽东主席在第一次全国政协会议上宣告："中国人民从此站起来了！"钱学森在美国听到这一喜讯，心潮澎湃。"是啊，我终于有了真正属于自己的祖国，我终于可以为自己的祖国和人民贡献智慧和力量了。"他兴奋地想，"回国，我要回国。"然而，美国政府却认为"一个钱学森可抵美军五个师"，不能轻易放钱学森走。由于美国在华政策的失败，美国国内掀起了一股反共、反华、迫害进步人士的逆流，而掌握尖端科学技术的钱学森自然被列入了美国特务的黑名单。

有一天，钱学森突然被美国政府逮捕。他被关押在一座海岛的拘留所内，失去了行动自由。美国特务无中生有，诬陷钱学森随身携带的个人藏书和研究笔记是"军事秘密"，把钱学森当做间谍抓了起来。在孤独的海岛上，歹毒的美国官员对他进行残酷的心理折磨，每天晚上隔10分钟就到钱学森的房间去一次，进行无聊的审问，让钱学森无法休息。他们肆意诽谤新中国，想尽办法劝说他留在美国，但钱学森丝毫不为所动。后来在钱学森和他的同事、学生的据理力争下，美国官方只好放了钱学森。但是他们没有就此罢休，在整整 5 年中，钱学森受到严密的监视，行动受到种种限制。然而钱学森没有被压垮，而是不屈不挠地做着回国的斗争。之后经周恩来总理的亲自过问，中美双方的艰苦谈判，他终于回到了祖国。

　　回国后，钱学森担任了重大的国防科研任务，成为研制"两弹一星"的著名功臣，为祖国的独立、富强作出了卓越的贡献。

# 天下无道，以身殉道

**天下有道，以道殉身；天下无道，以身殉<sup>①</sup>道。**

——《孟子·尽心上》

> **注** ①殉：献出，牺牲。

⁕⁕⁕ 释义 ⁕⁕⁕

国家政治清明，按道义治理，就可以全力推行正确的政治主张。国家政治腐败，就要为维护社会道义勇于牺牲自己。

孔子之后，孟子进一步发展了儒家的"仁道"。孟子认为，推行仁政王道不仅是君主的事，也是知识分子的责任，因而发出了"天下有道，以道殉身；天下无道，以身殉道"的呼告。这一号召成为中国千百年来以天下兴亡为己任的有为之士的座右铭。

明末东林党领袖高攀龙不管在朝在野，时刻关注国家的命运，关心百姓的生活。在邪恶的政治势力面前，他敢于坚持自己的主张，捍卫自己的政治理想，保持了自己崇高的气节，弘扬了中华民族的优良传统，体现了一个爱国政治家和知识分子的高尚情操。

高攀龙在无锡东林书院讲学时，强调做人要有气节。针对当时士风日下、追名逐利的情况，他指出读书不是为了求取功名富贵，而是为了正心修身。高攀龙等人在讲学的过程中，以自己的政治理想和人格标准来评议朝政，裁量人物，与他们志趣相近的在野士大夫闻风相附，纷至沓来。在朝的李三才、赵南星、邹元标、杨涟等正直官员也与他们互通声气，遥相应和，东林书院实际上已成为社会舆论的中心。他们的反对派对此十分忌恨，诬之为"东林党"。

然而此时"天下无道"，阉党魏忠贤把持朝政，残害忠良，高攀龙等人都被借故罢黜了。

高攀龙等人被罢黜后，以魏忠贤为首的阉党全面控制了朝廷内外大权。他们窃国乱政，大兴冤狱，开始对东林党人进行更大规模的迫害，编派了《缙绅便览》《点将录》《天鉴录》《同志录》等黑名单，将不依附于魏忠贤的官员开列在内，统称为东林党人。高攀龙作为东林党的核心人物，自然成为阉党迫害的重点对象。

1625年4月，阉党诬蔑东林党人杨涟、左光斗、袁化中、魏大中、周朝瑞、顾大章受贿，将他们送到北镇抚司诏狱，严刑拷打，杨涟等5人死于狱中，顾大章自杀，史称"东林六君子"。8月，魏忠贤下矫旨，将全国的书院全部拆毁，首先就从东林书院拆起。

1626年2月，魏忠贤指使其党羽假造浙江税监李实的奏本，诬告高攀龙、周起元、周顺昌、缪昌期、李应升、周宗建、黄尊素7人贪污袍价十余万两，企图将东林党人一网打尽。高攀龙得知消息后，自知不免，却十分镇静。3月16日一早，他整冠束带，衣袍整齐，去拜谒了先贤杨龟山祠。回家后与弟高士鹤及两位门生赏花于后花园池畔，谈笑自如。谈兴正浓时，有人叩门而入，告知阉党要抓他的确切消息，顿使高家满门惊惶，唯有高攀龙神情泰然，微笑着对亲人说，"吾视死如归耳"，叮嘱儿孙"无贻祖羞"。还说："如果贪恋残生，岂不辜负了平生的学问！"当天晚上，全家款叙，高攀龙说笑无异平日。深夜，风声更紧，高攀龙悄悄起床至书斋，写《别友柬》，并提笔向熹宗皇帝奏最后一疏。书毕，即换上朝服自沉于后花园池中，以示不愿受辱于阉党。他在《遗疏》中写道："臣虽削夺，旧系大臣，大臣辱则国辱，故北向叩头，从屈平之遗则。君恩未报，愿结来生。臣高攀龙垂绝书，乞使者执此报皇上。"

高攀龙以自己的壮烈之举实践了"天下无道，以身殉道"的儒学追求，他的思想、道德、人品，激励着后代知识分子一次又一次的在国家危急关头挺身而出、捍卫正义。

# 理性之道

中华民族是崇尚理性的民族，古人
倡导的理性之道，对于我们贯彻科
学发展观仍有启示意义。

名家美文话格言

相关链接：理之为物之制。——《韩非子·解老》

# 道，理之者也

道者，万物之所然也，万理之所稽①也。理者，成物之文②也；道者，万物之所以成也。故曰：道，理之者也。

——《韩非子·解老》

> 注 ①稽：总合。
> ②文：条理。

●●●释义●●●

所谓道，它是万物所以如此的原因，是各种事理的总合。理是成就事物的条理、具体规律；道是万物所以成为如此的总根据、普遍规律。所以说，道是条理事物的总规律。

把道与理联结起来，从哲学的高度确立道的理性之维，韩非子功不可没。韩非子在《解老》篇中用"理"来重新阐述老子之"道"，"道者，万物之所然也，万理之所稽也。理者，成物之文也；道者，万物之所以成也。故曰：道，理之者也。物有理，不可以相薄。物有理，不可以相薄，故理之为物之制，万物各异理。万物各异理，而道尽稽万物之理，故不得不化；不得不化，故无常操。"在这里，韩非子明确地将理定义为"成物之文""物之制"，即事物遵循的具体规律，而道则"尽稽万物之理"，是各种事理的总合，是万物所以如此的总根据。正因为有此认识，韩非子就不像以往诸子停留在对普遍性的道的论述上，而是进入到更具体的事物的理的层面。韩非子在说理上也很形象生动，他在《难一篇》中讲了这样一个故事：

楚国有个卖矛与盾的人，吹嘘自己的盾坚固，说："我的盾十分坚固，任何东西不能刺穿它。"过了一会儿，又吹嘘他的矛十分锋利，说："我的矛锋利极了，什么东西它都能刺穿。"有个人就应声问他："如果用你的矛，刺你的盾，将会怎么样呢？"这个楚国人不能回答。

讲完这个故事，韩非子从中引出一个道理："夫不可陷之盾与无不陷之矛，不可同世而立。"意思是说，刺不穿的盾与刺无不穿的矛，这两种东西是不能同时并立的。就这样韩非子形象地揭示了形式逻辑中的不矛盾律。

韩非子提出的这个道与理的关系，到宋明理学，得到了进一步的展开。宋明儒家既被称为"道学家"，也被称为"理学家"。他们认为，尽管事事物物之中，共有一个"太极之理"（"道"），但事事物物又各有其"殊理"。一物不穷，便缺了一物的道理；一事不穷，便缺了一事的道理。这一认识推动了当时的科学家对实证的特殊规律去"求故""明理"。

宋代著名科学家沈括担任河北西路察访使之职时，在河北各地巡察。有一次，他沿着太行山向北走，看到山崖之间，往往"衔螺蚌壳及石子如鸟卵者，横亘石壁如带"，也就是发现了山里的断层间的螺蚌壳的化石和卵石的沉积带。沈括根据这个现象，很快做出了科学的推理：

第一，他见到了鸟卵石和螺蚌壳像一条带子一样镶嵌在山崖间，成为山体的一部分，当即联想卵石和螺蚌壳本来只在大海中存在，而现在却存在于山体中，一定发生了沧桑巨变。沈括猜想，太行山在古代曾经是大海，后来经过沧海桑田的巨变，才变成了陆地。沈括得出结论："此乃昔之海滨，今东距海已近千里。"

第二，沈括进而思考大海怎么会变成陆地的呢？他联想到黄土高原上流水把高原冲刷成沟壑，把泥沙带走，这些泥沙在下游必然会沉积下来。沈括由此认识到，泥沙搬运是海滨变成陆地的原因。华北平原上的一些河流，如黄河、漳河、滹沱河自上游、中游奔腾而来，一路上夹带着泥沙，流到下游，流速减缓，逐渐沉积，日积月累，终于变成了陆地，大海因此向后退缩。因此，千里华北平原，"皆浊泥所湮"。河流的搬运，是华北平原形成的原因。

相关链接：万物各异理，而道尽稽万物之理。——《韩非子·解老》

沈括从太行山断层间露出的螺蚌化石，推测出这里古代是大海，进而推断出华北平原的形成原因，在这里，联想、推理使他的认识能跨越时间和空间，能做到以今知古、以此知彼。沈括这种"格物求理"的方法，至今仍值得我们学习。

名家美文话格言

相关链接：天道无亲，常与善人。——《老子·七十九章》

# "三表" 参验之道

何谓三表？子墨子言曰：有本<sup>①</sup>之者，有原<sup>②</sup>之者，有用之者。

——《墨子·非命上》

**注** ①本：历史记载。
②原：直接考察得来。

●●●● 释义 ●●●●

墨子提出了检验认识的三条标准：本于古代圣王的历史记载、原于老百姓的亲身经验、实际运用符合国家人民的利益。

墨学是作为儒学的对立面出现的。墨子初学儒者之业，后却"背周道而用夏政"，高标远古先王平等的"兼爱"，反对周代礼乐文化的"差爱"，追求无掠夺、无剥削、无压迫的理想社会。

为了证实自己的理想，墨子深入研究了人的思维理性，提出了检验认识的三条标准，"何谓三表？子墨子言曰：有本之者，有原之者，有用之者。于何本之？上本之于古者圣王之事。于何原之？下原察百姓耳目之实。于何用之？废（发）以为刑政，观其中国家百姓人民之利。此所谓言有三表也。"这就是要以关于古代圣王的历史记载、老百姓的亲身经验和实际运用是否符合国家人民的利益，来判断认识的正确与否。"三表法"重视感觉经验、闻见之知，肯定古代文献记载的历史经验，尤其强调社会效果是

相关链接：无参验而必之者愚也，弗能必而据之者诬也。——《韩非子·显学》

衡量诸种学说是非曲直的重要标准，显然在认识论上是一个重大发展，对古代科学技术的发展也有重要推动作用。《墨子·鲁问》就记载了这样一个故事：

公输般用竹子、木头精心雕刻一只喜鹊，雕成后，这只喜鹊竟像活的一样展翅高飞，飞了3天也没有停下来。于是，他沾沾自喜地认为世上再没有比他做得更巧的了。墨子毫不客气地对他说："你做的喜鹊，还不如木匠做的车轴头上的插销对人们有用。木匠一眨眼就砍成3寸大小的插销。这东西虽小，却使车轮承受压力。"

在"三表"的指导下，墨家子弟十分重视科学技术的研究。著名科学史家李约瑟曾经这样高度评价墨家的科学技术成就："完全信赖人类理性的墨家，明确地奠定了在亚洲可以成为自然科学的基本概念的东西。"墨家的科学技术成果主要保留在《经说》上下。《经说》上下之中，对数学、光学、力学以及时空等重要的科学领域都有涉及，而且其中不少已经上升到理论的高度。在光学上，他们第一次提出了小孔成像的原理，《经说·下》写道"景（影）到（倒），在午有端，与景长，说在端"。在力学上，他们提出"负而不挠，说在胜。衡木，加重而不挠，极胜重也"，已有如阿基米德所说的全部平衡理论。在数学上，有关点、线、圆的一些科学定义完全可以和欧几里德的几何学相媲美。在《备城门》诸篇中，我们通过文中记载的城防武器，也可以看出墨家对科学技术的应用。如此重视科学理性并取得如此重大的科技成果，在中国古代著作中可以说是十分罕见的。

# 正其道以谋其利，明其道而计其功

正其道以谋其利①，明其道而计其功②。

——颜元：《四书正误》

注

①利：利益。
②功：成效。

••• 释义 •••

端正他的道路，以正道谋取利益；弄明事物发展的规律，遵循规律而筹划成效。

在如何处理伦理德性与科学理性、功利物性的关系上，古代曾出现过两种极端倾向：一种是董仲舒提出的"正其道不计其功"的绝对道德观；另一种是韩非子倡导的绝对功利主义，认为人性本恶，在争于利的时代讲道德的儒生不过是有害法治的蛀虫。颜元在总结历史经验教训的基础上，扬弃这两种极端主张，辩证地提出了"正其道以谋其利，明其道而计其功"的警世格言。

在如何处理伦理德性与科学理性、功利物性的关系上形成的不同观点，也影响到对历史人物功过是非的评价。例如孔子历来强调伦理道德，他用

"仁学"标准来评价吴文化的创始人泰伯，认为"泰伯其可谓至德也已矣，三以天下让，民无得而称焉"（《论语·泰伯》）。泰伯这种至高的德行，在你争我夺的阶级社会中确实使人们难以用言语来赞美。按当时礼法，泰伯是继承周族王位的长子，但他主动让位给更有才能的弟弟与侄子。后来，周太王病逝，泰伯与仲雍闻讯回岐山奔丧。三弟季历与众臣要求泰伯接位，泰伯再让。季历说，这是父亲临终留下的遗嘱，为顾全氏族传统，应将国政归还泰伯。泰伯听了，又一次表明让意。季历知道事情已无可挽回，只好继位。泰伯在中原未多停留，很快返回江南。季历登位后，整饬国政，扩大领地，遭忌于商，被商朝暗害而死。王位由姬昌继任，他就是后来名垂青史的周文王，对身后八百年周朝的建立具有奠基之功。泰伯多次让位，史称"三让天下"。

面对这段历史，太史公司马迁也深受感动，在《史记》中将泰伯列为世家之首。然而司马迁除对泰伯的三让天下的美德予以提倡和表彰外，还详细介绍与高度评价了泰伯开创江南文明之功。

泰伯为让王位而奔吴时，江南还是蛮荒之地。他以断发文身表示加入蛮族的决心，并与他们同甘共苦，这让原住民大为感动。"荆蛮义之，从而归之千余家，立为吴太伯。"于是泰伯以文明的德行来教化乡民，相传他采用"以石为纸，以炭为笔，以歌为教"的方式传播文明。他带领江南人民，对脚下的土地进行系统和大规模的开发，决心让上天赐予江南人民的沃土，在较短的时间内与黄河流域的文明接轨。

周族的先祖后稷，是尧的农师，舜的农官，发明了种植农作物，被奉为我国农业的始祖。作为其十三世孙，农业开发自然是泰伯家传。他与民同耕，把黄河流域先进的耕作技术、物候知识、新型农具传授给荆蛮部落。据说，泰伯根据江南的气候特征，在耕作方面，改"一年一熟"为"一年两熟，稻麦轮作"。有规模的农业开发，当先兴修水利。沼泽遍布的太湖流域水患严重，泰伯实施"改堵为疏"的办法，率众开渎，以梅村为中点，开挖了伯渎，据《江苏水利全书》称，这是我国历史上第一条"人工运河"。伯渎横贯东西，河上架桥，以利两岸往来，成为沟通梅里与外界的重要通道。接着，他又率众开挖"九泾"，使太湖平原的网状水系陆续沟通，难以种植的沼泽地变为旱涝不愁的良田。在开发农业的同时，泰伯还教民种桑养蚕，饲养鸡鸭猪羊牛，使江南一带的生产得到快速发展。数年之后，衣食足，仓廪实，人仁义，梅里出现"民众殷富，安居乐业"的景象。

从泰伯三让天下到开发江南的全过程看，他完美地把伦理德性与科学理性、功利物性结合为一体。泰伯的成功实践表明，一个人只要努力奋斗，完全有可能做到"正其道以谋其利，明其道而计其功"。这样的人才，也正是当代社会所欢迎的。

相关链接：君子周而不比，小人比而不周。——《论语·为政》

名家美文话格言

相关链接：强不能遍立，智不能尽谋。——《管子·心术》

# 道隐于小成

道隐于小成①，言隐于荣华②。

——《庄子·齐物论》

注　①小成：小的成就。
②荣华：繁荣华丽。

●●●● 释义 ●●●●

　　道的至理往往为小的成就所遮蔽，语言的至理往往为华丽的辞藻所掩盖。

　　道作为普遍规律、人间至理无所不在，无时不在，表现于世界万物的方方面面。然而认识了事物的一个方面，便以为认识了道的全部，那么人进一步通向更高的真理之路就会被这种片面的认识所遮蔽。正是在这个意义上，庄子提出了"道隐于小成，言隐于荣华"的至理名言。

　　庄子提出的"道隐于小成，言隐于荣华"的至理名言，不仅为古人的经验所证明，也为今人的教训所展示。

　　德国著名化学家维勒在科学上有两大功绩，一是 1827 年发现了化学元素铝，二是 1828 年首次用化学方法合成了尿素。但由于沉醉于过去的这两大成就中，他却失去了发现元素钒的机会。当时维勒在研究铝的化合物时曾分析过墨西哥的黄铅矿矿石，发现一种特殊的沉淀物，但他认为是与铝元素同类的东西，没有引起他的重视与进一步探析。与此相反，维勒的同学瑟夫斯特木也独立地发现了维勒发现过的现象，他敏锐地抓住这个新现象反复试验和探索，终于发现了新的化学元素"钒"。对此，维勒和瑟夫斯特木的老师柏采里乌斯专门给维勒写了一封告诫信：

"亲爱的维勒：

今天，我寄给你一份新发现的钒元素的标本，并且给你讲一个故事：在古老的北方，在一所秘密的房子里，住着一位十分美丽的女神，她的名字叫凡娜迪斯。

有一天，一位小伙子来敲她的房门，试图向她求爱。但是，这位女神听到敲门声以后，还仍旧舒服地坐着，心里想：'让来的那个青年人再敲一会儿吧。'但是，敲门声响了一次就停止了，敲门人没有坚持到底地敲下去，而是转身走下台阶去了。这个人对于他是否被女神请进去，显得满不在乎。'他究竟是谁呢？'女神也觉得很奇怪，她匆忙走到窗口，想去瞧瞧那位掉头离去的小伙子。'啊！'女神惊奇地自言自语说：'原来是维勒！好吧，让他白跑一趟是应该的，如果他不那么淡漠，我会请他进来的，你看他那股劲儿，走过我窗子的时候，竟没有向我的窗口探一下头……'过了一段时间，又有人来敲门了。这次来敲门的人和维勒可大不相同，他一直敲个不停。最后，女神只好开门迎客。进来的客人是漂亮的小伙子瑟夫斯特木，他和女神相会了。他们结合以后，就生下了新元素'钒'。"

这个生动的故事形象地说明了机遇只垂青于能不断容得下新事物的有准备的头脑，维勒满足于既有的成就，这些既有的成就也就遮蔽了他进一步发现新事物的机会。

那么如何打破"道隐于小成，言隐于荣华"这种遮蔽现象呢？科学家想了很多办法来突破自我认识的局限。例如他们在建立科研攻关组织时，既充分考虑成员之间智能水平的合理组合，更要考虑创新成员之间智能类型的合理搭配。这样，才能使各种智能因子在合理的群体结构中始终保持一种良好的互补激沽状态。"布尔巴基"是 20 世纪 40 年代法国一群青年数学家的集体笔名，后来即成为这一学派的名称。从 1935 年 7 月开始，数十余名青年数学家每月在巴黎一家酒店举行一次聚会，以对现代数学基础及其发展趋势进行分析讨论。最初，他们的目的只是限于集体编写一部分析教程。但是由于这个青年数学家创新群体的成员在数学基础研究上分别吸

相关链接：浅不足与测深，愚不足与谋知，坎井之蛙不可与语东海之乐。——《荀子·正论》

收了康托尔集合论、希尔伯特的形式主义、诺特和阿尔丁的抽象代数学以及拓扑学与泛函分析方面的成果，结果在热烈的争论与交锋中，逐渐打破原来学说的局限，形成了以数学结构理念作为数学分类理论的基本原则的共识。以此为出发点，他们在编写多卷本《数学原本》中终于形成了视界更为广阔的数学学派。

# 道体常而尽变

夫道者，体常而尽变，一隅<sup>①</sup>不足以举之。曲知<sup>②</sup>之人，观于道之一隅，而未之能识也，故以为足而饰之，内以自乱，外以惑人，上以蔽下，下以蔽上，此蔽塞之祸也。

——《荀子·解蔽》

> **注**
> ①一隅：一个方面。
> ②曲知：扭曲的认识。

●●●● 释义 ●●●●

　　道永久存在而且极尽万物变化，片面的道理不能完全概括它。满足于片面认识事物的人，看到道的一点，而未能够全面认识道，竟自以为完全掌握了道，以此夸饰谈论，对自己则糊涂，对别人则迷惑，上面的人以此蒙蔽了下面的人，下面的人以此蒙蔽了上面的人，这就是蔽塞的祸害。

　　"夫道者，体常而尽变"，因此不能以一己之见，一得之识来遮蔽了道的全貌。荀子的这一告诫，具有认识论上的重要意义。

　　人们为什么会形成遮蔽了道的全貌的种种偏见呢？一个重要原因是受到自己所处环境的局限。荀子曾讲过这样一句很深刻的话："浅不足与测深，愚不足与谋知，坎井之蛙不可与语东海之乐。"

　　传说有一只青蛙住在一口满是淤泥的井里，许多年来都很开心。一天，它又跳上井栏玩乐，忽然看见一只大海鳖从不远处爬过来，就连忙叫住大海鳖，说："嘿，朋友！你到哪里去呀？你看我住的这个地方可是块宝地呀！瞧我多快活，高兴的时候就跳到井口来观赏观赏周围的风光，疲倦的时候可以躺在井底休息。我独占一坑水，在井上想跳就跳，想停就停，真是快乐极了！老兄，不信的话你过来看看嘛。"大海鳖爬到井口，左脚正要往井里伸，右脚却被井栏绊住了，它犹豫了一下，就往回退却，说："这井太小了，进不了。我住在东海，比这儿大多了！"

"东海有多大？"

"东海呀，无边无际，水天茫茫，用千里万里也不能形容它的大，用千丈万丈也不能测量它的深。大禹时代，十年有九个年头闹水灾，海水也不见增加；商汤年代，八年有七年大旱，海水也不见减少。海水永远就是这个模样，不会因为时间的短暂和长久而有丝毫改变。住在这样的地方，才是最快乐的呢！"

这只只能看到井那么大的一块天的青蛙听罢，半天说不出话来。

形成遮蔽了道的全貌的种种偏见的另一个重要原因是受到自己的认知器官的局限。"瞎子摸象"的寓言很能形象地说明这种局限。

"瞎子摸象"典出佛学的《大般涅槃经》，说的是一群瞎子想知道大象是什么模样，他们围着象摸。摸到鼻子的说大象像一根管子，摸到耳朵的说像一把扇子，摸到牙的说像一个萝卜，摸到身体的说像一堵墙，摸到腿的说像一根柱子，摸到尾巴的说像一条绳子。于是，"瞎子摸象"成为一则成语，用来讽刺那些受自己认知器官的局限，片面观察事物，只见局部不见整体的人。

那么，如何防止片面性，尽可能反映道的全貌、事物发展的全过程呢？最根本的是要确立辩证唯物主义这一人类最高层次的思维方式。唯物辩证法是最完整深刻而无片面性弊病的关于发展的学说。我们在看人看事、分析问题、做出决定的过程中，一定要牢牢确立这种发展的观点，反对形而上学静止不变的僵化观点。这样，才能随时适应变化了的客观形势，防止认识上的片面性。我们还要做到列宁在《辩证法的要素》中所指出的，把握"这个事物对其他事物的多种多样的关系的全部总和"。例如，在对一个人作考察评价时，就不能片面地只看一事、一时、一个方面，而应对他的德、识、才、学，以及性格、爱好、健康状况等，做全面的考察，对他的优点和缺点、成绩和错误、长处和短处做全面的了解。这样，才能如实地完整地反映事物的本来面目，并做出恰当的评价。

明道

相关链接：一叶障目，不见泰山。——《鹖冠子·天则》

# 有道之士，必礼必知

夫有道之士，必礼①必知②，然后其智能可尽。

——《吕氏春秋·谨听》

> **注** ①礼：礼待。
> ②知：了解，知晓。

●●● 释义 ●●●

　　对于达到道的境界的杰出人才，一定要以礼相待，一定要了解他们的长处，然后他们的智慧才能才可以尽可能充分地发挥出来。

　　"夫有道之士，必礼必知，然后其智能可尽"，这是古人从正反两面的经验教训中总结出来的一条十分重要的用人规律。

　　楚汉相争，刘邦开始远不如项羽，老打败仗，但他有容人之量，察人之才，高规格地礼待萧何、张良、陈平、韩信，并分别发挥他们在行政、计谋、军事指挥上的优势，终于一统天下。

　　李世民深谙"得士则昌，失人则乱"的道理，打天下能聚集文才武将，治天下则大胆起用曾反对过自己、但刚正不阿的魏征，君臣同心同德地开创了为历代史家赞赏的"贞观之治"。

　　人尽其才，必须人在其位，因而一定要礼待达到道的境界的杰出人才；人尽其才，又必须用其所长，因而一定要了解他们的各自长处与优

名家美文话格言

相关链接：得士则昌，失人则乱。——《唐太宗集·求访贤良诏》

势。只有把这两个方面结合起来，他们的智慧才能才可以尽可能充分地发挥出来，古代是如此，现代更是如此。

著名的"曼哈顿工程"是美国在第二次世界大战期间的一个"大科研"组织，它集中了各类学科的科学家、工程技术人员，以巨大的投资，从事原子弹研究的工作。当时罗斯福总统为该组织配备领导成员，他没有录用三个在专业上造诣很深、威望很高的诺贝尔奖获得者，而选拔了一个在物理学界名不见经传，在科研上算不上第一流的，但具有卓越的组织管理才能的物理学家奥本海默担任技术总指挥，结果出色地完成了第一批原子弹的研制任务。

巴丁、库柏、施里弗合作解决超导难题，也是充分发挥他们各自长处的结果。当时，巴丁已 50 岁，获得过诺贝尔奖金；库柏不满 30 岁，十分熟悉数学物理方法；施里弗是刚从麻省理工学院毕业的 20 岁的青年人，闯劲很足。他们经常聚在一起讨论问题。一天下午，年轻的施里弗突然提出了一个解决问题的简明方法，但是他拿不准，库柏也没有把握。当时，老科学家巴丁正出差在外。当他回来一看，十分激动地说："行了！行了！这就行了！"他们提出的电声子相互作用的超导理论，不仅解开了存在约 50 年之久的超导之谜，而且对核结构、天体物理和液氦的低温行为的研究工作，也产生了巨大影响，从而获得了 1972 年的诺贝尔奖金。

对于品学兼优，又有科学创新设想的青年人，更是不仅要尊重其首创精神，而且要敢于破格，委以重任。张庆伟研究生毕业，分到一个研究火箭的机构工作，正好赶上中国准备进入世界商务卫星发射市场，要为外国一家著名公司发射卫星。当时，对方提出了一个苛刻的条件，必须让卫星在起旋后再脱离火箭。在一次论证会上，有位老专家提出了设法使火箭整套起旋、带动卫星旋转后分离的可行性方案，但怎样才能满足卫星的入轨精度，却有待进一步论证，会议为此陷入了沉默。就在这时，坐在后排旁听的张庆伟大胆提出了自己的设想。主持会议的领导当即问他："你来干行不行？"就这样，张庆伟这个本来只在地面干点"拧螺丝钉"工作的小字辈儿一下子挑起了大梁。一年多后，按照他编制的星箭起旋方案，那颗卫星发射成功。又过10 年，他作为副总指挥领导了令全体中国人民扬眉吐气的"神舟"号试验飞船的发射工作，并因此入选当年度的"中国十大杰出青年"。

今日世界面临的各种全球性经济危机、能源危机、生态危机，要求我

相关链接：处大官者，不欲小察，不欲小智。——《吕氏春秋·贵公》

们必须坚决地实施科学发展、和谐发展、可持续发展战略。这就更加突出了尊重理性、尊重知识、尊重创造、尊重人才的重要性。"有道之士必礼必知"的警世格言，理应成为我们开创新局面必须牢记的一个座右铭。

名家美文话格言

相关链接：

礼贤下士，威服九州。

——《信陵君列传》

# 诗性之道

中华民族不仅是礼仪之邦，而且也是诗乐之国，对美的理想生活的不懈追求是中华大道的重要组成部分。

# 浴乎沂，风乎舞雩，咏而归

莫<sup>①</sup>春者，春服既成，冠者<sup>②</sup>五六人，童子六七人，浴乎沂，风乎舞雩<sup>③</sup>，咏而归。

——《论语·先进》

> 注　①莫：同暮。
> 　　②冠者：成年人，古代年二十岁行成年冠礼。
> 　　③舞雩（yú）：地名，鲁国祭天求雨的地方。

●●● 释义 ●●●

暮春时节，穿上春装的时候，约上五六个成年人，六七个孩童，一起到沂水边洗澡，到舞雩台吹风，然后一路唱着歌回家。

在《论语·先进》篇中，完整地记载着这样一段孔子与自己的学生一起畅谈人生理想的对话。

有一天，子路、曾皙、冉求和公西华陪着孔子畅谈，孔子请他们说说各自的志向。

子路率直地回答说："拥有兵车千乘的国家，处于大国中间，外有他国来侵略，内有饥荒相困，假如让我去治理，只用三年时间，就能使他们勇敢，且知晓道理。"孔子对他微微冷笑了一下。

孔子说："冉求，你怎么样？"

冉求回答说："方圆六七十里，或五六十里的小国家，让我来治理，只需三年，可以使百姓富足。至于礼乐教化，就只好等待君子了。"

孔子说："公西华，你的志向怎样呢？"

公西华回答说："不是说我有这些能力，但我愿意学习。宗庙进行祭祀，或是与他国盟会时，我穿着礼服、戴着礼帽，愿为小小的司仪。"

孔子说："曾皙，你怎么样？"

曾皙正在奏瑟，他让瑟声逐渐缓和下来，把曲子收住，然后放下瑟，站起身来回答："我的想法和他们三位不同。"

孔子说："这有什么关系呢？正是要各位谈谈自己的志向啊！"

曾皙说："暮春三月，春装已穿上了，约上五六个朋友，六七个少年，到沂水里洗澡，在舞雩台上吹风，再一路歌唱而归。"

孔子感叹地说："我赞同你的想法呀！"

他们三人走了，曾皙在后。曾皙问老师："他们三位的话怎么样呢？"孔子说："不就是各人说说自己的志向罢了。"

曾皙说："夫子为什么会笑子路呢？"孔子说："治国要有礼让，他的话一点都不谦虚，这才笑他。"

曾皙说："难道冉求谈的不是治国之事吗？"孔子说："怎样见得方圆六七十里或方圆五六十里的地方就不是国家呢？"

曾皙说："公西华讲的不是治国之事吗？"孔子说："宗庙祭祀，又有各国之间的盟会，不是治理国家是什么？像他这样精通礼仪的人说想做一个小司仪者，那么谁又能做大司仪者呢？"

从上面师生的对话中我们可以看到，孔子并没有否定子路、冉求和公西华治国的理想，他笑子路仅是因为他不懂得以礼治国。那么问题来了，既然孔子并没有否定子路、冉求和公西华的治国理想，为什么唯独对曾皙给予热情鼓励呢？为什么一生想在治国上有所作为的孔子要说"吾与点也"，明确表示支持曾皙的"浴乎沂，风乎舞雩，咏而归"的人生追求呢？

宋代朱熹对此解释说，曾皙的理想看起来"初无舍己为人之意"，但是其内心是完满充盈的。今人于丹也说，这就是孔夫子说过的"君子不器"，一个真正的君子从来不以谋求一个社会职位为目的，却一定是以修身为起点的，他要从最近的、从内心的完善做起。

我们认为这些解释都没有说到问题的本质，触及人的理想追求的最高层面。孔子一生奔波，何尝不想谋求一个能够治国平天下的权位？孔子一生又何曾停止过"完善自己的内心"，就是冉求和公西华在谈治国志向时其态度又是何等谦让，但孔子为什么还是不满意呢？问题的要害在孔子这些学生志向境界的层次区别上。子路、冉求只是停留在争强斗胜的功利境界上，公西华开始追求以礼教化的伦理境界，唯有曾皙则达到了人生最高的天地境界、诗意境界。"浴乎沂，风乎舞雩，咏而归"与现代哲人海德格尔追求的"人应诗意地栖居在大地上"不正是同一个意思吗？对理想之道的这一诗性之维，我们将在后面的条目中再展开论说。

# 天地有大美而不言

天地有大美而不言①，四时有明法而不议，万物有
成理而不说。圣人者，原②天地之美而达万物之理，是
故至人无为，大圣不作，观于天地之谓也。

——《庄子·知北游》

注　①天地有大美而不言：天地具有最大的美德，它生养万物而又不夸谈
　　其功。
　　②原：推究。

······ 释义 ······

　　天地具有最大的美德，它生养万物而又不夸谈其功，四时有明
确的规律而不议论，万物有生成之理而不解说。圣人推究天地之美
德而通达万物生成之理。所以至人自然无为，大圣人不造作，观察
天地之道加以效法而已。

　　《左传》宣公十一年记载了春秋时期发生的这样一个故事：

　　楚王在云梦泽打猎，不小心把自己心爱的弓丢失了。左右的侍从立刻
要去寻找。楚王制止道："楚人失之，楚人得之。不必找了。"此话成了名
言，在列国间广为流传，传到了鲁国贤人孔子耳里。孔子也很欣赏，说：
"这话说得真好啊，不过为什么要把'楚人'与'人'区别开来呢？不妨
说：'人失之，人得之。'这样就符合仁义了！"老子听说了孔子的评论后

说道："为什么要把'人'与'天地'区别开来呢？不妨说：'失之，得之。'这样就符合天道了！"

这则寓言围绕"失之，得之"这个话题，虽然只变动几个字，但含义却更深刻了，它反映了人生三个不同层次的境界。

寓言中的这个楚王说的"楚人失之，楚人得之"，虽然能泰然处理自己失弓这件事，但还停留在我失你得的层面上，反映了人总想占有物的功利境界。一般层次的人都有占有物越多越好的心态。然而在事实上，正如庄子讲的，人占有那么多东西是没有必要的，钓到一条大鱼就足够吃了，何必一定要钓一桶呢？因此庄子觉得人要从这种占有的心态中退出，不要你争我夺，世界才会得到安宁。

寓言中的孔子比楚王站得高了。孔子认为人不应该斤斤计较于个人物质利益上的得失，应该更多考虑整体"人"的得失，为了整体"人"的得，个人甚至可以作必要的牺牲，可以自觉自愿去失，这就符合仁义之道了。应该说孔子的胸怀更宽，达到了伦理的道德境界。

然而寓言中的老子比孔子又更了不起，他超越了古今一切人，在他的心目中，人与天地万物也是一样的，都是造化的平等产物，在得与失上何必把人与自然对立起来？无论是功利境界的考虑个人得失，还是伦理境界的考量群体得失，都没有超越人类中心主义。在这一点上人应该学习大自然的"天道"。你看，"天之道，损有余而益不足"，而"人之道则不然，损不足以奉有余"，你争我夺，自私自利，搞得社会动乱，生态失衡。因此人应该站到"天道"上来考虑"失之，得之"。

这种天地境界为什么是最高的呢？就因为天地具有最大的美德，它生养万物而又不夸谈其功，四时有明确的规律而不议论，万物有生成之理而不解说。因此天地境界也就是"万物恃之而生而不辞，功成而不名有"的"大美"境界。圣人推究天地之美而通达万物生成之理，就能摆脱功利之争，诗意地栖居在大地上。这也就是人类最终追求的审美诗性境界。

当然这种审美诗性境界必须有待社会生产力的高度发展才能实现。正如马克思在《资本论》中所强调的，人类真正追求的"自由的领域，是在必要和外在目的的规定要做的劳动终止的地方开始的……是在狭隘物质生产领域的彼岸"。人类只有超越功利性的"狭隘物质生产领域"，才能为充分发挥、发展自己自由自觉的本质力量而生产，为"再生产整个自然界"而生产，为人自身的无限超越、个性的无限丰富和自然界的自觉进化而生产。只有在这时，人才能被真正推上自然界自觉创造主体的崇高地位，完成为天地"立心"、为万物"赞化"的本体论创造使命，才能真正诗意地栖居在大地上。

明道

相关链接：天下莫不沈浮，终身不故；阴阳四时运行，各得其序。——《庄子·知北游》

名家美文话格言

相关链接：夫明白于天地之德者，此之谓大宗大本，与天和者也。与人和者谓之人乐，与天和者谓之天乐。——《庄子·天道》所以均调天下，

# 大乐与天地同和

**大乐①与天地同和，大礼与天地同节②。**

——《乐记·乐论》

> **注** ①大乐：最高级的音乐。
> ②节：节度。

●●● 释义 ●●●

最高级的音乐与天地之道相和合，最高级的礼仪与天地之道同节度。

孔子讲的"仁者乐山，智者乐水"，庄子讲的"与天和者谓之天乐"，《乐记》讲的"大乐与天地同和"，说的都是与天地之道同和同乐的最高审美境界。中国古代悟道者正是以这种方式投入自然，在感性世界、日常生活和人际关系中去寻求道德的本体、理性的把握和精神的超越，在感性世界中求得不朽、永在，从而超越有限个体，获得与天地同乐的审美诗性之维。

为什么在大自然中可以体悟到诗性之道，享受到最高级的"大乐"呢？

首先是因为大自然具有无限丰富生动的美的形态。在自然界，云霞

雕色，草木贲华，明月吐辉，高山挺秀。自然美外观形式中的声、色、形、味及其千变万化的各种组合方式，其丰富性与生动性是任何其他人为形态的美所不能比拟的。画家所用的色调，比起整个的黑暗和光明所表达的区域来，要狭窄多了。无论他所用的色彩多么黝黯或多么灿烂，但和辉煌夺目的阳光或柔和朦胧的月亮相比，都无可企及。我们还不应该忘记，自然界表现了更多的运动，在这方面，它比艺术更有生命，因为在自然景色之中，没有全然停滞不动的东西。云彩相互追逐着，掠过天空；树枝、树叶在风前摇摆婆娑；海面上的波涛跳跃着、起伏着。可是，在另外方面，除了戏剧和舞蹈之外，所有的艺术都是静态的，绝对地平静着。可以说世界上没有一座宫殿或教堂，哪怕是圣彼得大教堂，能够与大海、沙漠、广阔的长空、一个单独的山峰或整个的山脉，在空间的展延上，争长比胜。正是大自然在外观形态上的无与伦比的美丽特色，使我们能享受到最丰富的诗意与最大的快乐。

其次是因为大自然所具有的非人工所及的"鬼斧神工"般的造化，使某些自然的象征形式更能凸现人的生命创造所期盼的节奏、力度与意义。在自然界，从混沌到有序，展开了无限的创造可能性。面对层次分明的微观世界，面对造型优美的双螺旋结构，我们的心理结构不能不跟着宇宙结构律动；面对泰山之雄、华山之险、黄山之奇，将会激发人的何等丰富的创造奇想；面对大海的浩瀚、星空的广袤，将会激发人的何等豪迈的崇高感。确实，如康德所言，只有人胸中的道德律令才能与人头上的灿烂星空进行伟大的类比。正是在这个意义上，德国诗人荷尔德林写道：

谁沉冥到

那无边无际的"深"，

将热爱着

这最生动的"生"。

再次是因为自然美超功利的自在形态能帮助人摆脱名缰利锁的束缚与日常生活的烦恼，获得精神上的放松与提升。对这一点，我们每个人在旅游中都有深切体验。自然美作为一种现实美，不像社会美被打上明显的功利烙印。不含直接功利目的的自然存在形态，正可以让人忘却平时的功利计较，同时让人从自然季节的更替中感悟人生的短暂，珍惜自由生活的宝贵。君不见禅境中的青山绿水、夕阳芳草，"万古长空，一朝风月"，不是

相关链接：故礼以导其志，乐以和其声，教以一其行，刑以防其奸；礼乐刑政，其极一也，所以同民心而出治道也。——《乐记·乐本》

更能点破某些深刻的人生意境吗？正因为如此，不愿"心为形役"、不甘"为五斗米折腰"的陶渊明，毅然辞官回乡，在远离官场、闹市的自然山野中找到了审美的真趣：

结庐在人境，而无车马喧。

问君何能尔？心远地自偏。

采菊东篱下，悠然见南山。

山气日夕佳，飞鸟相与还。

此中有真意，欲辨已忘言。

朋友，你在人生的旅途上，你在大自然的怀抱中，有过同样的感受吗？

名家美文话格言

相关链接：天地与我并生，万物与我为一。——《庄子》

# 古之得道者，
# 所乐非穷达也

古之得道者，穷①亦乐，达②亦乐，所乐非穷达也。

——《吕氏春秋》

> **注**
> ①穷：贫穷。
> ②达：发达，富贵。

●●● 释义 ●●●

　　古代深悟道的真谛的人，处在贫穷的困境也快乐，处在富贵的顺境也快乐，他们所快乐的并不是眼前的穷达境况。

　　"君子忧道不忧贫"、安仁乐道的思想，是由孔子首创的。意思是说在追求"道"的理想目标与道德境界的过程中纵有贫穷困苦，但想到"道"的理想将会在艰苦奋斗的过程中诞生，心中就会感到虽苦亦乐、苦中有乐。

　　孔子号称弟子三千，但最为他欣赏的是颜回。颜回在生活贫困不堪的情况下，仍能快乐地一心向道，非常难得。孔子曾经叹曰："贤哉回也！一箪食，一瓢饮，在陋巷，人不堪其忧，而不改其乐。贤哉回也！"这就是历代儒家所津津乐道的"孔颜乐处"。

　　这种"孔颜乐处"的人生境界，一心以求道践道为人生目标，以追求道德精神上的完成和满足为乐，而不是以物质享受之多寡作为衡量苦乐的

111

标准，因而能处在贫穷的困境中也快乐，处在富贵的顺境中也快乐。为什么会如此呢？因为这些真正的悟道者，他们所快乐的并不是眼前的穷达境况，而是人生的更高目标。从这个意义上讲，"孔颜乐处"超越了一般的功利境界与伦理境界，达到了更高的与天地之道"乐处"的诗性境界。

孔子所开创的乐道思想，在孟子那里得到了继承和发扬。孟子在中国传统伦理思想史上首次明确提出"乐道"的概念，并将乐道与人性，与人的精神需要和满足有机地结合起来。孟子曾经指出，"君子有三乐……父母俱存，兄弟无故，一乐也；仰不愧于天，俯不怍于人，二乐也；得天下英才而教育之，三乐也"。在这里，第一乐"父母俱存，兄弟无故"，说的是天伦之乐；第二乐"仰不愧于天，俯不怍于人"，说的是无愧于天地，无愧于社会，由此产生的天理之乐；第三乐"得天下之英才而教育之"，既是一种道德之乐，也是学业有继之乐。孟子所论述的君子三乐，是对人生境界的一种超世俗的追求，是对君子道德心理的具体规范，它对提升中华民族精神境界和道德境界产生了深远的影响。

更可贵的是孟子把孔子所开创的乐道思想与他倡导的民本主义结合起来，提出了"与民偕乐，故能乐也"的重要命题，从而把儒家的乐道思想从伦理学提升到社会学的高度。

有一次，孟子和梁惠王聊天。梁惠王问他治国之策，他避而不谈，却大谈起什么是快乐来了。他问："一个人欣赏音乐，与别人在一起欣赏音乐，哪一种更快乐？"梁惠王说："不如与别人在一起欣赏。"孟子接着问："与少数人在一起欣赏音乐，与众人在一起欣赏音乐，哪一种更快乐？"梁惠王说："不如与众人在一起欣赏。"孟子看到火候已到，便推出了他的著名论断：与民偕乐，故能乐也。

孟子说，圣明的君王与民同乐同享，所以能得到真正的快乐。他到齐国时，齐宣王问道："听说周文王有一个七十里见方的捕猎场，真的有这回事吗？"孟子回答道："古书上有这样的记载。"宣王问："真有那么大吗？"孟子说："可百姓还嫌它太小呢！"宣王说："我的捕猎场才四十里见方，可百姓还觉得太大，这是为什么呢？"孟子说："文王的捕猎场七十里见方，割草砍柴的人可以随便去，捕禽猎兽的人也可以随便去，是与百姓共享的公用猎场。百姓嫌它小，不是很合理吗？"孟子停顿一下说："我刚到达齐国的边境时，问清国家的重大禁令以后，才敢入境。我听说在国都的郊野有四十里见方的捕猎场，如果有谁杀死了场地里的麋鹿，就跟杀死了人同等判刑，那么，这四十里见方的捕猎场所，简直成了国家设置的陷阱。百姓觉得它太大，不也同样合乎情理吗？"

孟子讲的故事与道理，对今天的社会管理者不同样有着现实的警戒意义吗？

明道

相关链接：今王与百姓同乐，则王矣。——《孟子·梁惠王下》

# 素朴而天下莫能与之争美

夫虚静恬淡、寂寞无为者，万物之本也。……静而圣①，动而王，无为也而尊，素朴而天下莫能与之争美②。

——《庄子·天道》

> 注　①圣：玄圣。
> 　　②争美：争夺美。

●●● 释义 ●●●

虚静、恬淡、寂寞、无为，就是万物的根本。……宁静就可成为玄圣，行动就可成为帝王，无为就被万物所尊崇，朴素就可以称美于天下。

庄子认为，水宁静时便可以明晰地照见须眉，水的平面合于水准仪测定的标准，大工匠便会取来效法。水宁静则明澈，又何况是精神呢！圣人内心宁静，可以作为天地的明鉴，万物的明镜。因而，虚静、恬淡、寂寞、无为，就是天地万物之根本和道德的最高境界。明白了这个道理，达到宁静的境界就可成为玄圣，行动就可成为帝王，无为就被万物所尊崇，朴素就可以使天下谁也不能与它争夺美。

庄子的这个思想是很深刻的，他揭示了道的审美之维的超功利性，真正的合于天地之道的大美是宁静素朴的，因为它超越人间的名利是非之争，因而天下那些卑微的名利之徒谁也无法与它相争天地大美的地位。被誉为"文化昆仑"的钱钟书就是这样一位"素朴而天下莫能与之争美"的学术大师。

钱钟书藐视俗套，历来反对张扬招摇。1991 年，全国 18 家电视台拍摄《中国当代文化名人》，钱钟书被列为首批 36 人之一，但他拒绝拍摄。早在 20 世纪 80 年代，国内掀起"钱学"的研究热潮，《钱钟书研究》编委会应运而生，他对这事极力反对，曾对发起人抗议："昆仑山快把我压死了。大抵学问是在荒江野老屋中二三素心人商量培养之事，朝市之显学必成俗学。"

内心的淡泊、正直和高贵，使钱钟书能直面世态炎凉，宠辱不惊。文革开始，中国科学院学部狂斗牛鬼蛇神，别的人被斗得斯文扫地，狼狈不堪，唯独钱钟书头戴高帽子，胸前挂着名字上打大"×"的牌子，昂首阔步，从贡院前街走回干面胡同的宿舍中，任凭街上的孩子哄闹取笑，也不畏缩惶悚，一派"士可杀不可辱"的风范。

钱钟书一门心思沉醉于学术研究之中。他晚年写《管锥编》，贯通经、史、子、集，涉及英、法、德、意、拉丁、西班牙等六国语言，博引典籍达四五千种，其中西方学者和作家多达千人左右，著作一千七八百种。书中所评鉴的对象，涉及文学、艺术、历史、政治、风俗、生活、人事、民族、道德、心理、人性、哲学、宗教等诸方面，推源溯流，探本求末，熔铸古今，观照中外，可谓洋洋大观。其探究之题皆属文化和文学中的"原型母题"，其抉发之隐均为人类文化的共同本质，堪称当代学术的一座高峰。就为撰著《管锥编》，其夫人杨绛为钱钟书整理、拉点笔记本，整整费了两天工夫，装了几大麻袋。何谓学问，由此可悟。如此大美，谁能争锋？

# 治国之道

中华哲人从历史的经验教训中总结了许多深刻的治国之道，这方面的警句格言需要我们在现代化建设中引为鉴戒。

名家美文话格言

相关链接：兼相爱，交相利。——《墨子·兼爱上》

# 大道之行也，天下为公

　　大道之行也，天下为公，选贤与能，讲信修睦。故人不独亲其亲，不独子其子。使老有所终，壮有所用，幼有所长，矜、寡、孤、独、废疾者①皆有所养。男有分，女有归。货恶②其弃于地也，不必藏于己。力恶其不出于身也，不必为己。是故谋闭而不兴，盗窃乱贼而不作，故外户而不闭，是谓大同。

——《礼记·礼运》

> 注　①矜、寡、孤、独、废疾者：鳏夫、寡妇、孤儿和残疾人。
> ②恶：厌恶。

●●● 释义 ●●●

　　大道实行于天下时，天下为大家所共有，选举贤能之人，讲究信用，重视亲睦。所以人们不只敬奉自己的双亲，不只是抚养自己的子女；社会上的老人能安享天年，壮年人有机会贡献自己的才力，鳏夫、寡妇、孤儿和残疾人都能得到供养。人们厌恶把财物抛弃在地面上不管，但也不一定自己收藏，据为己有；人们厌恶自己有力而不肯出力，出力也不是为了私利。所以奸诈阴谋不会兴起，盗窃财物、伤害人身和扰乱社会的犯罪也不会出现。家家的门户对外开着，不必为防范和戒备而锁闭，这就叫做大同世界。

　　"大道之行也，天下为公"，这是春秋战国时代诸子百家通过论争得

出的对人类理想社会的一个可贵认识。类似的思想最早由墨子提出，青年墨子在学习儒学的过程中认识到孔子倡导的复周礼、明等级、行差爱的思想有很大的局限性，于是提出"兼相爱，交相利"的社会理想，使墨学成为可与儒学抗衡的"显学"。后期儒家吸取墨学这一得人心的理念，提出人类最早的黄金时代实行的是"天下为公"原则的大同社会，以后才出现"天下为家"的小康社会，今后人类社会还是要复归"天下为公"的大同社会。

人类早期社会究竟是不是一个"天下为公"的大同社会呢？许多人表示怀疑，认为这是一种理想化的虚构。还有一些学者公开表示，人生来就是自私自利的，社会一开始就是分贵贱等级的，天下为私，天经地义，人不为己，天诛地灭，大同社会是根本不可能存在的。

然而大量的考古材料的发掘，证明"人不独亲其亲，不独子其子"的原始公有社会确实存在。这是在极端落后的生产力条件下，原始人为求生存必须采取的社会联合形式。据推测，100万年前原始人的性成熟约为男17岁，女16岁；当时女性平均4年怀孕1次，到19岁才生第一胎。一个孩子要养育到13～14岁，才能独立生活。从旧石器时代早期北京猿人的寿命来看，当时能活到30岁以上的只占18.6%（7万年以前的早期智人能活到30岁以上的也只占20%）。这就是说，当时很少有人能活到把自己所生的孩子养到能够独立生活，这就决定了个体家庭无法解决种族的繁衍问题，只有依靠实行群婚的集团，依靠血缘家族才能世代存续下去。

人必须联合成社会团体才能应付险恶环境的挑战，而人类社会联合的最基础原则已在最早的母系社会中得到充分发展。然而，这种社会结合的原则在以后的阶级社会中被大大削弱了。而马克思、恩格斯正是通过对原生态社会、原生态文明的新研究，寻找到私有制历史暂时性的反证，从而推进了无产阶级与被压迫民族的解放运动。站到21世纪的新起点上，我们更深切地感受到原生态史前大同文明对创建未来新文明的警示与启迪作用：

第一，在人天关系上，原生态文明更贴近自然与文明的结合点，可以启示我们克服近代工商文明人天对抗的矛盾，更自觉地搞好生态文明建设；

第二，在人性关系上，原生态文明突出人是生产的目的，在目的追求上比围着个人财富打转的现代社会要崇高得多，可以启示我们对未来诗性文明的设计；

相关链接：视人之国若视其国，视人之家若视其家，视人之身若视其身。——《墨子·兼爱》

119

第三，在人际关系上，原生态文明凸显了阶级对抗的历史局限性，呼唤人类在更高形式上复活古代氏族的自由、平等和博爱。"大道之行也，天下为公"，应该成为人类未来追求的最高目标。

名家美文话格言

相关链接：国尔忘家，公尔忘私，利不苟就，害不苟去，惟义所在。——贾谊《新书·阶级》

# 治大国，若烹小鲜

治大国，若烹小鲜①。以道莅天下，其鬼不神②。

——《老子·六十章》

> **注**
> ①小鲜：小鱼。
> ②不神：这里是装神弄鬼的意思。

···◆◆◆ 释义 ◆◆◆···

治理大国就像烹调小鱼一样。烹调小鱼如果常常翻腾，就会把小鱼弄碎了。治大国也不可朝令夕改，把社会弄乱了。只有以常道来治天下，使物得其所，人鬼有序，鬼亦不能再作祟于人。

《老子》所讲的"治大国若烹小鲜"，是他倡导的无为政治最形象的说明和概括。这句话包含两层意思，一是要烹鱼，而不是不烹不吃，在政治上就是要治，而不是不治；二是要谨慎小心，莫乱挑乱动，否则小鱼就会翻烂。老子借此劝告统治者不要以烦琐之政扰民，而要"清静无为"，也就是"以道莅天下"。若能如此，不但鬼不灵验，神不伤害人，"圣人"也不伤害人。两者互不相伤，所以他们的"德"就互相结合在一起。老子无为而治的治国思想，还表现在他要求大国不要谋求强权政治，越是大国越是

相关链接：大邦者，下流也，天下之牝也，天下之交也，牝恒以静胜牡，为其静也，故宜为下。——《老子·六十一章》

121

要处在清静无为的大河下游，这样才能容纳百川，真正强大起来。

在今天的社会条件下，我们可以从《老子》所讲的"治大国若烹小鲜"这一形象比喻中引出更为积极的治国创业思想。这就是在治大国，创大业，办大事时，要善于像"烹小鲜"那样，做到治大若小，举重若轻，克难若易。我们从下面这个案例中可以看到：成功并非像人们想象的那么难，我们可以做到治大若小，举重若轻，克难若易。

1965 年，一位韩国留学生到剑桥大学主修心理学，在每天喝下午茶的时候，他常到学校的咖啡厅或茶座听一些成功人士举办的聊天会。这些成功人士包括诺贝尔奖获得者、某一领域的学术权威和一些创造了经济神话的人。这些人幽默风趣，举重若轻，把自己的成功都看得非常自然和顺理成章。时间长了，他发现，自己在韩国国内时，被一些成功人士欺骗了。那些人为了让正在创业的人知难而退，普遍把自己的创业艰辛夸大了。这种常见的做法既是有意的自我夸耀，更是在有意无意间以自己夸大难度的成功经历来吓唬那些还没有取得成功的人。

作为心理学系的学生，他认为很有必要对韩国成功人士的心态进行深入研究。1970 年，通过大量调研，他写成了《成功不像你想象的那么难》的毕业论文。随后，他把这篇富有创意的毕业论文提交给现代经济心理学的创始人威尔·布雷登教授。

布雷登教授读后，大为惊喜，他认为这是一个新发现，这种现象虽然在东方甚至在世界各地都普遍存在，但还没有一个人能大胆地提出来进行研究。惊喜之余，他立即写信给他当年的剑桥校友——当时坐在韩国政坛第一把交椅上的朴正熙。他在信中说，我不敢说这部著作对你有多大的帮助，但我敢肯定它比你的任何一个治国政令都能产生震动。

后来，韩国政府正式出版了这部著作，果然鼓舞了政界、商界人士瞄准更高目标奋发作为。这部书伴随着韩国的经济一起起飞了。这位青年也身体力行，以"治大若小，克难若易"的精神奋力创业，以后他终于成为韩国泛亚汽车公司的总裁。

这个典型案例也启示我们，对古代优秀的警句格言不能食而不化，一味盲从。古人总结当时社会治乱的历史经验提出的警句格言，一方面凝结了当时人的智慧，另一方面也必然受到时代的局限与个人阅历的局限。现代人有新的实践经验、新的时代眼光，应该也必须在古人成就的基础上更上一层楼。因此我们认为对老子的"治大国，若烹小鲜"的警世名言，作出"治大若小，举重若轻，克难若易"的新阐述，是可以成立的。

明道

相关链接：法令者，君臣之所共立也；权势者，人主之所独守也。——《管子·七臣七主》

# 仁义乃治国之本

**仁义者，治国之本①也。**

——《淮南子·泰族训》

注　① 本：这里指根本的治国之道。

●●● 释义 ●●●

仁义乃是根本的治国之道。

　　将孔子的"仁礼之道"发展为"仁义之道"的孟子，在与梁惠王对话的时候，讲过一个"仁者无敌"的故事：

　　梁惠王说："晋国原是天下最强的国家，这是您老先生所知道的。到了我这一代，东面战败于齐国，连我的大儿子也阵亡了；西面丧失了七百里疆土给秦国；南面受辱于楚国。我对此深感耻辱，愿意替死者来洗刷所有的仇恨，怎样才能办到呢？"

　　孟子回答说："国家不在大，只要拥有方圆百里的土地就能称王天下。大王如果能对民众施行仁政、减少刑罚、薄敛赋税，督促百姓深耕土壤、清除杂草；青壮年在空闲时修习孝悌忠信的道理，在家里用这些来侍奉父兄，出外用这些来侍奉尊长，这样做好了，即使他们拿着木棒也足以打败秦楚的坚甲利兵了。那些国家侵夺百姓的农田，使他们不能耕种农田来养活自己的父母，以致父母挨冻受饿，妻离子散，兄弟背井离乡，那些国家的民众陷于水深火热之中，大王去讨伐他们，谁能和大王对抗？所以说仁者是无敌的，大王采取仁政吧，希望大王不要犹豫。"

孟子提出的实施爱民的仁政便能无敌于天下的主张，是历史上正反两面治国的经验教训的总结。

在原始社会的血缘公社中，人生而平等，无高低贵贱之分，原本没有等级观念。进入阶级社会后，经过数千年的贵族统治，上尊下卑、君贵民轻已成铁律。春秋战国时期社会激烈大变动，国人起义，奴隶暴动，陪臣执国命，政权急剧更迭，王冠纷纷落地，新兴阶级、人民群众在历史舞台上空前活跃，这就促使了诸子百家对人际关系的反省，促进了"民为贵，君为轻"的民本思想的高涨。

春秋战国时代，民心向背决定着霸业兴衰。"无民孰战？"战争拼武力，拼财力，归根到底是拼民力。战争胜负，取决于上下是否"同气"，取决于能否亲民、养民、得民心。历史一再展示出"无民孰战""民为邦本，本固邦宁"的道理，经过士阶层的阐释、鼓吹，成为春秋战国时期一股强大的思想潮流，老子最先强调，"圣人无常心，以百姓为心"，谴责"以百姓为刍狗"，警告统治者"民不畏死，奈何以死惧之"。稍晚的孔子，继承了老子的"爱民"思想，进而提出"节用而爱人，使民以时"，"修己以安百姓"，"因民之所利而利之"的"仁者爱人"的学说。庶人出身的墨子则代表"贱人"的意愿而大声疾呼，主动地要求民的地位、民的权利。他为"饥者不得食，寒者不得衣"而愤愤不平，谴责王公大人的骄奢淫逸，主张兼爱、非攻、非乐、节用、节葬，甚至要求统治者向"农与工肆之人"开放政权，"不党父兄，不偏贵富"，与百姓均事业，共劳苦。

继承前辈诸家之说，总结历史经验教训，后起的儒学大师孟子系统而完备地创立了民本主义的政治学说。孟子看到了"政得其民"的规律，提出了轻刑薄税，制民以产，听政于国人，"乐以天下，忧以天下"，保民爱民等政见，在中国政治思想史上，首先提出"仁者无敌""民为贵，社稷次之，君为轻"的辉煌命题。基于这种认识，孟子激烈地提出像夏桀、商纣那样"虐民""残民""罔民"，其就不成为君主，而成了国人共诛之、共讨之的独夫民贼。孟子还认为，对那些不负责任、"四境不治"的君主，

相关链接：治国之道，爱民而已。——刘向：《说苑·政理》

应该撤换；君有大的过失，经过臣下的谏诤，"反复之而不听，则去"。孟子这种激烈的民主政治主张，这种"保民而王，莫之能御"的卓越见解，深深打动了当时及后世众多的开明君王，激励了一代又一代"以天下为己任"的知识分子，产生了极其深远的影响。

# 治国之道，必先富民

凡治国之道，必先富民[1]。

——《管子·治国》

> **注**　①富民：使老百姓富裕起来。

明道

相关链接：足国之道，节用裕民，而善藏其余。——《荀子·富国论》

●●●● 释义 ●●●●

凡是治理国家的方法，都必须首先使老百姓富裕起来。

　　"凡治国之道，必先富民"，这是大政治家管仲在帮助齐桓公内安百姓、外和诸侯，成为春秋五霸之首的治国过程中得出的一条重要结论。非常推崇管仲的孔子在回答子贡如何治国时，也说："足食，足兵，民信之矣。"

　　在古代农业社会中，民以食为天，因此要治国富民，首先要解决"足食"的问题。在这一方面，魏国的改革家李悝就提出了很有超前预见性的治国富民方略。他向魏文侯建议说："善于实行在丰年以半价购入粮食，以备荒年平价出售的人，必须小心地注意到年成有上、中、下三等收成。上等收成是农民自己留四成，余剩四百石粮食；中等收成是自己留三成，余三百石粮食；下等收成是自己留一成，余一百石粮食。小的灾年就只收一百石，中等的灾年一年收七十石，大的灾年只收三十石。所以上等年成，政府就用平价收购农民粮食的四分之三，给农民留四分之一；中等年成平价收购二分之一；下等年成就收购四分之一。百姓正好够吃，粮价平稳，就不再收购了。小灾之年就发放下等年成时所购的粮食数量，中等灾年就发放中等年成时所收购上来的粮食数量，大灾之年就发放上等年成时所收购的粮食数量。用平价卖给百姓，所以即便是遭受水旱灾害或闹饥荒，粮价都能保持不上涨，百姓也就不会流亡，这是由于取了有余之年的收成补了不足之年。"

李悝"以丰补欠"的主张在魏国实行之后，魏国的物价平稳，政局稳定，百姓安居乐业。就这样，魏国很快就从贫弱走向了富强。李悝以

名家美文话格言

相关链接：流尽则源竭，条落则根枯。——李世民：《建亲》

他的政治预见力提出的足食富国方略，至今都是值得我们借鉴的。

新中国建立后，人民政府在实施"凡治国之道，必先富民"的方略上更是成绩卓著。特别是改革开放以来，实行了社会主义市场经济的新体制，充分调动了各方面的积极性和创造性。短短 30 多年中，我们国家实施了世界上人口最多的脱贫工程。2007 年国家统计局发布的《从十六大到十七大经济社会发展回顾系列报告》认为，十六大以来我国经济社会发展迅速，总量在世界的位次由第六位跃居第四位，人均国民总收入步入了中等收入国家行列。经济实现了连续 4 年 10% 以上的增长速度。2003 年～2006 年年均增长 10.4%，不仅比同期世界年均增长 4.9% 高出 5.5 个百分点，而且比改革开放以来年均增长 9.7% 高出 0.7 个百分点。城乡居民生活持续提高和改善，人民群众得到了更多改革和发展的实惠。2000 年人均国民总收入达1000 多美元，2007 年突破 2000 美元，人均国民总收入翻了近一番。展望未来，只要继续奋斗，我们就一定能全面建成小康社会、和谐社会。

相关链接：平易近民，民必归之。——司马迁·《史记·鲁周公世家》

相关链接：不患寡而患不均，不患贫而患不安。——《论语·季氏》

# 天之道，损有余而益不足

天之道，其犹张弓①与？高者抑之，下者举②之，有余③者损之，不足者补之。天之道，损有余而益④不足；人之道则不然，损不足以奉有余。孰能有余以奉天者，惟有道者。

——《老子·七十七章》

| 注 | ①张弓：上弓弦。 |
| --- | ②举：抬高。 |
| | ③有余：多余。 |
| | ④益：增加。 |

 释义

天的"道"，它不是很像张弓射箭吗？高了就把它压低一点，低了就把它抬高一点，拉过了就把它放松一点，不足时就把它拉满一点。所以天的"道"，是减少多余的来补足不够的；人的"道"却不是这样，是削减不足的而供给有多余的。谁能够把有多余的东西拿出来而奉献给天下呢？只有能够遵循自然规律的有道之人。

老子对天道与人道的考察思考确实是十分深刻的。他认为天之道的特征是损有余而益不足，这一点已为很多已发现的自然规律所证实。

1942 年，年轻的生态学家林德曼在美国塞达波格湖畔进行水生生物群落的能量流动研究。在中国古老谚语的启迪下，他做了大量的定量研究，发现了生物群落中能量沿食物链流动的"十分之一有余定律"。即绿色植物从固定太阳能起，能量在食物链传递过程中，每经过一个营养级，大约90%的能量被消耗（维持自身营养级的生存和生长，如呼吸消耗和生物量的形成），而只有 10% 的能量传到下一个营养级。太阳能这种人类或高等动物无法直接利用的能量，经过一级级的浓缩，最后变成人类和高等动物可以支配的生物能，并由这些能量维持着生命的结构和功能。人类的心理活动也正是在这种能量的基础上产生的。从这个意义上说，我们人类的文明就是在林德曼的"十分之一有余定律"下延伸的。

然而，"人之道则不然，损不足以奉有余"。老子看到了当时社会的贫富悬殊、阶级压迫的种种不合理现象，认为"人之道"，也应该像好比张弓的"天之道"那样，"高者抑之，下者举之，有余者损之，不足者补之"。然而老子的这一主张与愿望，至今仍不能实现，而且这些不合理现象有越演越烈之势。

当今世界的经济全球化确是一场管理革命，它使企业家能够利用世界任何地方的资金、技术、信息、管理和劳动力，在他希望的任何地方进行生产，然后把产品销往任何有需求的地方。

但是，我们也看到，当今世界由于旧的以发达国家剥削发展中国家为特征的国际经济秩序并未根本改变，全球化实际上是建立在不合理的国际经济旧秩序基础上的。由于世界贸易的游戏规则是由发达国家主持制定的，更多的是考虑到他们的情况和利益，这就对只能提供原料、初级产品的落后国家和地区相当不利。经济全球化固然提高了生产力，创造了更多的社会财富，但同时也使发展中国家的国家主权受到冲击和削弱，并进一步加剧了世界经济发展的不平衡，拉大了南北贫富差距。20 世纪 90 年代初，占世界人口总数 10% 的最不发达国家在全球贸易中所占的份额是 0.6%，到1997 年则仅占 0.3%。日前发达国家拥有全球国民生产总值的 86% 和出口市场份额的 82%，而占世界人口绝大多数的发展中国家仅分别拥有 14% 和18%。2000 年年底西方发达国家仅占世界总人口的 1/6，而收入占 80%；63个发展中国家人口占 3/5，而收入只占 6%。1965 年世界最发达的 7 国与最贫穷的 7 国人均收入差是 19 倍，1995 年为 38 倍，2000 年近 58 倍。这导致

相关链接：事在是非，公无远近。——张九龄《与李让侍御书》

了世界财富越来越向少数发达国家或少数利益集团集中，资本和先进技术的拥有者总是最先最多得利的。

这样，发达国家与发展中国家在经济全球化过程中不是差距缩小了，而是差距拉得更大了。长此下去，必然导致霸权主义、强权政治与恐怖主义、宗教极端主义两个极端的恶性发展，使世界不得安宁。面对这种两极分化的世界格局，重温老子的"孰能有余以奉天者，惟有道者"的警世格言，实在很有必要！

名家美文话格言

相关链接：天之道，不争而善胜，不言而善应。——《老子·七十三章》

# 道者，令民与上同意也

道①者，令民与上同意②也，故可以与之死，可以与之生，而不畏危。

——《孙子兵法·计篇》

注 ①道：孙子从政治规律与军事规律的角度论道。这里的"道"，指治国之道、治军之道。
②同意：同一意向、愿望。

••••• 释义 •••••

所谓道，是说要使民众与国君同心同德。上下一心，民众在战争中就可以与君王一起出生入死而不怕危险。

孙子把"道"列为决定战争胜负的"五事""七计"的首位，作为制胜的第一个条件，这在孙子以前的军事论著中是没有过的，是孙子对我国古代军事思想的一个重要贡献。如果人们要追根究底，进一步追问孙子讲的"道"究竟是什么，我们发现，后代诸家们的阐释就很不相同。

宋人辑录的《孙子十家注》中，孟氏认为"道"为"权术"。孟氏说："故用兵之妙，以权术为道。大道废而有法，法废而有权，权废而有势，势废而有术，术废而有数。大道论替，人情讹伪，非以权术之道而取之，则不得其欲也。故其权术之道，使民上下同进趋，同爱憎，一利害。故人心归于德，得人心之力，无私之至也。故百万之众，其心如一，可以俱同死力，动而不至危亡也。"然而以权术为道，用权术收买人心，可以得一将一士之心，却不可得天下人之心；可以骗天下人心于一时，却不可归天下人心于长久。

其实孙子列为"五事"之首的道，指的是治国之道、得天下人心的"天地大道"。把"道"明确定义为"令民与上同意也"，更是值得后代永远铭记的警世格言。

用现代的眼光来看，战争不过是流血的政治，而政治则是经济利益的集中体现。非常难能可贵的是，2500 年前的孙子已猜测到了潜伏在"仁道"背后的经济利益关系。1972 年山东临沂银雀山汉墓出土的《孙

子》竹简，除有孙子兵法 13 篇外，还有 5 篇孙子轶文。其《吴问》篇讲孙子回答吴王的问题："六将军分守晋国之地，孰先亡？孰固成？"孙子在回答范、中行氏先亡，智氏、韩、魏为次，晋国归赵后，分析了导致这一结果的经济原因。这就是先亡者制田狭，置士多，伍税之，公家富。而赵国则相反，"公家贫，其置士少，王金臣收，以御富民，故曰固国。晋国归焉。"《吴问》篇由此得出结论，决定天下兴衰的"王者之道"，在"厚爱其民者"。这就清楚点明了，作为"五事"之首的"道"，是实实在在的王者"厚爱其民"的治国之道，是轻税薄赋、主俭臣廉、官贫民富的经济之道。只有首先切实奉行这样的"道"，才能"令民与上同意"，才能万众一心地进行"有道之战"。

翻开一部中国史，我们看到谁实行主俭臣廉、爱民富民的治国之道，谁就能得人心、得天下；谁背离这条治国之道，实行主骄臣奢、掠民穷民的相反政策，谁就会失人心、失天下。尽管古今之事不同，但古今之理相通，即决定国家兴亡、战争胜负的根本因素是人不是物，是人心的向背而不是武器的利钝。今天我们正在建设社会主义和谐社会，我们一定要调整处理好各方面的利益关系，始终把人民群众的利益放在第一位，始终让大多数人共享改革开放的成果，始终权为人民谋，利让人民得，事为人民办。只有这样，才能"令民与上同意"，同心同德，共同建设好我们幸福的家园。

相关链接：上下一心，君臣同志，与之守社稷。——《淮南子·诠言训》

# 得道者多助，<br>失道者寡助

**得道**①**者多助，失道者寡**②**助。**

——《孟子·公孙丑下》

**注**

①得道：获得道义、正义。
②寡：少。

———— 释义 ————

有道义的人获得的帮助就多，丧失正义的人获得的帮助就少。

　　孟子讲的这句警世格言在中国可以说是家喻户晓，这句警世格言所揭示的人间正道也千百次的为人类的实践所证明。国民党高级将领黄维对这句警世格言的切身领悟，就是生动的一例。

　　在淮海战役中兵败被俘的国民党高级将领黄维，一直想不明白蒋介石的八百万"飞机加坦克"的军队怎么会被"小米加步枪"的解放军一口一口吃掉。黄维改造出狱后，为了解开心中的疑团，提出要到指挥三大战役的中共首脑机关所在地西柏坡村去看一看。这位蒋介石恩宠有加的原国民党高级将领在参观完西柏坡村后，感慨欷歔地连呼："蒋先生当败！蒋先生当败！"

　　黄维在西柏坡村看到了什么呢？他看到了中共五大书记之一刘少奇的房间里那张从老乡家借来的二尺宽、齐膝高的小桌。刘少奇就是伏在这张小桌上起草了《中国土地法大纲》。他写好《大纲》后，就去村口召开全国土改工作会议。正是这个《大纲》，这个会议，使土地改革的烈火燃遍全国，翻身得到土地的农民为了保卫自己的胜利成果，前呼后拥地跟着共产党打天下。三大战役中民工支前参战就达886万人之多。在人民战争的汪洋大海中，国民党军队怎能不遭受灭顶之灾。难怪陈毅元帅要说淮海战役的胜利是农民用小推车推出来的。

　　黄维在西柏坡村还看到什么呢？他看到中共五大书记毛泽东、刘少奇、周恩来、朱德、任弼时指挥三大战役的指挥部，仅是面积不到30平方米的一间普通农舍。里面摆着3张大桌子，一张是作战科的，一张是情报科的，一张是资料科的。大屋子里彻夜灯火通明，来自全国各战场的电报汇集到这里，参谋们紧张地分析、研究、报告。当时很难买到标地图用的红蓝铅笔，为了节省使用，参谋们就用红毛线、蓝毛线在地图上标出敌我态势。作战室旁有个放着小石磨的小院子，毛泽东在石磨旁抽烟踱步不分日夜地草拟电报。仅指挥三大战役，毛泽东就在这里亲手写下了190封电报，指挥千军万马歼灭了154万国民党部队。

　　更令人感动的是，在西柏坡一间大伙房里召开的七届二中全会，还通过了这样五项决定：不以人名命名；不祝寿；中央领导的像不与马恩列斯并列；少拍巴掌；少敬酒。这五项决定与当时国民党四大家族的横敛民财、奢侈腐败，判若天地之别。于是人心向背，天下归属，势成定局。得道者多助，得人心者得天下，失道者寡助，失人心者失天下，这就是黄维心悦诚服地喊出"蒋先生当败"的原因之所在。

　　从中国共产党建党80多年的所作所为来看，它领导的人民革命，确实不是以一个家族代替另一个家族，一种剥削制度代替另一种剥削制度，而是要立党为公，执政为民，让天下劳苦大众都解放。它使盼了千年的贫苦农民分得了土地，它使一无所有的工人得到了工厂，它使最大多数人得到了利益，它也就得到了天下最大多数人的支持。得"大道"者大昌，中国共产党仅用28年的时间就赢得了一个新中国。但对胜利后的共产党来说，在长期执政中始终坚持为人民服务的根本宗旨，仍面临着种种考验。苏联

相关链接：仁者无敌于天下。——《孟子·公孙丑下》

的崩溃、东欧的剧变，已表明执政的共产党如果不坚持社会主义，不坚持改革开放，不提高综合国力，不提高人民生活水平，就不能保持革命的成果。前车之鉴的惨痛教训，警策中国共产党人兢兢业业，不断迈出改革开放与社会主义现代化建设的新步伐，不断开拓民富国强、民族振兴的新境界。一个胸怀大志、不谋私利的执政党，如果不仅在患难之际，而且在胜利之时也牢记"得道者多助，失道者寡助"的千年古训，那还有什么不可战胜的呢！

名家美文话格言

相关链接：得人心者得天下。——《孟子·离娄上》

# 兵道为一

武王问太公曰："兵道何如？"太公曰："凡兵之道，莫过于一。一者，能独往独来。黄帝曰：'一者，阶于道①，几于神②。'用之在于机，显之在于势，成之在于君。故圣王号兵为凶器，不得已而用之。"

——《六韬·兵道》

**注**　①道：天地正道。
　　　②神：神机妙算。

●●●● 释义 ●●●●

周武王请教姜太公："什么是用兵之道？"姜太公回答说："用兵之道不会越过一。做到一，就能独来独往。黄帝曾说，'一就是以天地之道为根本，精微于神机妙算'。它要利用时机，显现于大势，成就在于君王。所以圣王称兵为凶器，要到不得已的时候才能使用它。"

"兵道为一"，这是中国古代的政治家、军事家从流血的战争实践中总结出来的一条用兵基本规律，也是告诫用兵者的一条警世格言。

"兵道为一"，可以从两个层面上去理解。一是从渊源上讲，道家与兵家本是一家。毛泽东早就深刻指出，《老子》既是一部哲学书，又是一部

相关链接：德同势敌，无以相倾，乃揽英雄之心，与众同好恶，然后加之以权变，故非计策无以决嫌定疑，非谲奇无以破奸息寇，非阴计无以成功。——《黄石公三略·中略》

名家美文话格言

相关链接：兵者，诡道也。——《孙子兵法·计篇》

兵书。《老子》一书总结了许多战争规律，后来的兵家更是运用老子的辩证法于战争实践。二是从内涵上讲，兵道"阶于道，几于神"，二者合而为一。说得更透彻些，兵道是天地正道与用兵诡道的对立统一。

首先，兵道是天地正道。这就是说，在战争性质上必须合于正义公道，必须是为真理而战，为反侵略而战，为百姓而战。孙子明确规定："道者，令民与上同意也，故可以与之死，可以与之生，而不畏危也。"这里明确提出道的标准是"令民与上同意"，也就是孟子提出的"人和"。同意、同欲，才能上下同心，三军一心，为道义而战，死不旋踵。

其次，兵道是诡诈奇道。"兵者正道"与"兵者诡道"这两个重要的军事命题看似对立，其实并不矛盾。《孙子兵法》注家张预说："用兵虽本于仁义，然其取胜必在诡诈。"还有注家说，正道如"不得奇道以佐之，则不能取胜"。这些论述阐明了"兵者正道"与"兵者诡道"这两个命题处于军事学的不同层面上。"兵者正道"说的是战争的性质，强调用兵的正义性、人民性，这是用兵的"正道"；"兵者诡道"说的是用兵的战术，它是辅佐"正道"而施行的"奇道"。失去"正道"则兵失其本；不用"奇道"则"正道"难行。所以善用兵者要反用兵的真实意图而行动，或掩盖事实的真实面目而行动，或顺应敌人的某些主观愿望而行动。总之，要以假象掩盖真相，以形式掩盖内容，造成对方的失误，达到出奇制胜的目的。

例如，善用兵者要"能而示之不能"。公元前200年，韩王信反叛朝廷，刘邦亲自率军出征。韩王信私下与匈奴相勾结，企图合力进攻汉军。刘邦闻讯大怒，就派使者到匈奴去探听虚实。匈奴人故意示弱，汉使驾车侦探了十次，都弄不清匈奴军队的底细。刘邦又派刘敬再度出使匈奴。刘敬回来报告说："敌对国家相互攻击的时候，应该矜夸炫耀，尽量显示出自己的长处。这次去匈奴，只看见一些瘦弱的牲畜和老弱的士卒，这必定是故意显露他们的短处，却埋伏着奇兵来争利。我认为不能去攻打匈奴。"刘邦没有听取这个意见，亲自率军攻打匈奴，结果在平城被匈奴围困了七天七夜才得以解脱。

又如，善用兵者要"用而示之不用"。公元1385年，思州发生军事叛乱，朝廷派汤和为征虏将军，周德为副将，率军前往镇压。叛军听说明朝大军来到，多逃匿山谷之中。汤和等率军到达后，于诸洞分屯立栅防守，并命士兵与当地百姓共同耕作。时间一久，叛兵不再怀疑明军有其他意图，纷纷出山，汤和诱俘其首领，终于使叛兵溃散。

　　总之，善用兵者要把正道与诡道合为一道，才能稳操胜券，独往独来，无敌于天下。

相关链接：法者，事最适者也。言无二贵，法不两适，故言行而不轨于法令者必禁。——《韩非子·问辩》

# 道生法

**法者，天下之至道①，圣君之实用②也。**

——《管子·任法》

> **注** ①至道：最高的道。
> ②实用：实际的应用。

●●● 释义 ●●●

国家法律是天下最高的道，是明君治国的实际应用。

　　中国的法家，从管仲、慎到、申不害、商鞅，一直到韩非子，一贯强调治国要靠法律。管仲把法治立为"天下之至道"，可以说是高度强调了法律的威严与重要。《黄帝内经》提出了"道生法"的重要命题。韩非子更以主张"法治"著称。他说："夫立法令者以废私也，法令行而私道废矣。私者所以乱法也。""道私者乱，道法者治。"为了使所有的人都能遵法、守法，以法为路，法要详细具体，要公之于众。这样，举国上下，事无巨细，一切决断于法。国君也应该依法令行事。《问辩》说："明主之国，令者，言最贵者也；法者，事最适者也。言无二贵，法不两适，故言行而不轨于法令者必禁。"韩非子还一再批评了君主不按法令行事的弊政，指出这是亡国之政。君主颁布了法令，人人要遵从。

官吏的任务是固守法，不得越雷池一步。违法固然要重罚；法之外立功也要罚。所罚的不是立功本身，而是因为与人主争名。韩非子的这一峻法主张虽然偏激了一些，但他强调法律的威严与执法的无私，对于治国治军都是非常重要的。

以威严胜者，我们不能不提到抗日战争中张自忠将军的治军名言："我要一支铁军！"1938年，张自忠任第59军军长，率部奔赴台儿庄参加大会战途中，老乡举报警卫营长孙二勇强奸了一个16岁的姑娘，张自忠当即下令："枪毙！"孙二勇被绑赴刑场。枪响了，未中要害，孙二勇被老乡发现并得到救治，20天后又回部队来了。张自忠见活着归来的孙二勇面容枯槁、破衣烂衫，就让有关人员给他换衣服弄点好吃的，关起来听候处理。第二天召集全体将军会议，决定"再毙"！将军们都流下了眼泪。再毙之时，张自忠给孙二勇办了两件事：一是请他吃"最后的晚餐"，满桌酒菜，亲自作陪；二是跟他作"特殊的告别"，张自忠的"告别词"是："放心走吧！我会替你多杀几个鬼子的！"枪毙孙二勇两天之后，这支铁军配合其他部队终于取得了台儿庄大战的胜利。

现代企业管理同样需要遵纪守法，执行严格的规章制度。日本松下电器公司总经理山下俊彦的《山下俊彦经营语录》中就有一条："职员们要生存下去，应当欢迎严厉的领导。"首都钢铁公司的企业管理经验中，有一条"三个百分之百"：规章制度必须百分之百的执行；违反规章制度必须百分之百的登记举报；违规违制的举动即使没有造成损失，都要百分之百的扣除当事人当月奖金，有关负责人也得相应受罚。"三个百分之百"制度实施后，全公司没有再发生过严重停产事故。

强调法治的权威无疑是正确的，然而站在封建专制主义的立场上，把法治与德治对立起来，乃至把法置于道之上，这就走向了另一个极端。韩非子的法治只服从君主的绝对权威，表现了君主对所有的人都不信任。他一方面信法而不信人，另一方面又要使所有的臣民都要变成法的工具和奴仆，君主则要凌驾于法律之巅，甚至残暴如桀、纣者，只要"抱法处势"亦可治天下。这样法就成为君主实行绝对专制统治的工具。

正是针对法治理论中的这种极端倾向，《黄帝内经》提出"道生法"这一命题，就显现出了其理论的正确性与辩证性。这一命题对中国政治生活的积极影响也是极其深远的。例如中国共产党一建立就把立党为公，服务于

明道

人民大众作为其根本宗旨，作为治党、治军、治国之道。正是从这一根本之道出发，在治军上产生了著名的"三大纪律，八项注意"，在治国上制定了一系列有利于国计民生的法规与条例。现在为了从严治党，又出台了各种惩办腐败分子的党纪国法。"道生法"的警世名言将会更鲜活地影响我们的现实政治。

名家美文话格言

相关链接：治民无常，唯法为治。——《韩非子·心度》

# 安国之道，先戒为宝

**夫安国家之道，先戒①为宝。今君已戒，祸其远矣。**

——《吴子·料敌》

> **注** ①戒：警戒，戒备。

## 释义

保障一个国家的安全，最有效力的法宝就是戒备。如今您已经考虑到了这一点，可以远离灾祸了。

"安国之道，先戒为宝"这一警世格言出于这样一个有名的历史故事：

著名的军事家吴起曾先后在鲁国、魏国担任大将，立下了不少战功。魏文侯任命他为西河守令。魏文侯的儿子魏武侯魏击继承王位后常为四面受敌的国势日夜担忧，有一次他与吴起讨论国势时说："眼下的形势对魏国很不利，秦国威胁我们西边，楚国威胁我们南边，赵国威胁我们北边，齐国威胁我们东边，燕国阻绝我们后方，韩国又盘踞在我们大门口。这六个国家的军队把我们包围住，对我们很不利，我感到很担心。"

吴起听后沉思片刻回答说："我认为，保障一个国家的安全，最有效的法宝就是戒备和警惕。如今您已经考虑到这一点了，就可以远离灾祸。

实际上六国的情况并不相同，齐国阵势虽然强大，但不坚固；秦国阵势分散，但能各自为战；楚国阵势严整，但不持久；燕国能守，但不能机动进攻；韩、赵两国虽然布阵得法，可是军士打仗不用力气，贪生怕死。我们可以根据各国的弱点来取胜。比如齐国，因为国家富足，君臣骄奢，百姓士卒待遇不均，作战三心二意，阵势就不能坚固。我们可以兵分三路，袭击它的左右，它的阵势就会被击破。秦国的军令十分严厉，赏罚也分明，士卒都拼命作战，这就要用钱财去吸引士卒离开将官，然后我们设一伏兵，可以取胜。楚国地广政乱，百姓愁苦不堪。它的阵势不会长久，我们只需用轻兵去袭击它的营房，他们就会疲累，失去战斗力，不战自败了。燕国士卒勇敢但没有智慧，只能防守而不能攻战。我们可以用兵去诱惑他，然后俘虏他的将锐。韩、赵的军队都讨厌战争，打仗不拼命，只要他打来我们就抵挡他，他退却我们就追击他，他们就会疲惫战败。此外，我们要善待自己军中的能人，例如疾走如飞的、力气大得可以举鼎的、战场上能扛旗跑在前面的，对他们的父母妻子也要给予奖赏。这些措施都可以加强军队的战斗力。如果能做到这些，魏国就能够击退成倍的敌人！"魏武侯听了吴起的这番对敌我态势明晰的分析，顿时有了信心。以后他采用吴起的谋略，使魏国安全地周旋在列国的强敌之中。

一个国家在患难中要以"先戒为宝"，在胜利面前是不是可以放松警惕呢？唐太宗李世民向历史交了一份好答卷。他在唐朝开国不久就能形成政治清明的"贞观之治"，就因为他不为开国的胜利冲昏头脑，始终以"先戒为宝"，保持虚心纳谏的胸怀。魏征虽然原来是他的政敌，但仍量才录用，让他发表许多见识卓越但语言尖锐的意见。有一次他正在花园中玩一只小鸟，正撞上魏征进来汇报工作，他知道如果让魏征看见他玩小鸟，一定又要规劝他以隋炀帝的亡国为教训，不要玩物丧志，于是在慌乱中把那只小鸟笼在袖中。等魏征讲完事情离开，他赶紧把那只小鸟拿出来，小鸟却早已闷死了。就是在魏征等一批敢于谏言的名臣帮助下，唐太宗以"先戒为宝"，兢兢业业，终于使唐朝迅速强大起来。

今天我们的国家经过几代人的艰苦奋斗，正在全面开创建设有中国特色社会主义的新局面。国民经济快速发展，人民生活水平全面提高，中国正成为世界上第三大经济体。面对这样好的形势，党和国家的领导人仍一再告诫我们要谦虚谨慎，正视前进道路上随时会出现的各种困难与危险，始终保持忧患意识。苏轼在《晁错论》中曾说过这样一句话："天下之患，最不可为者，名为治平无事，而其实有不测之忧。"这一名言正是"安国之道，先戒为宝"的具体体现，必须牢牢铭刻在每一个中国人心里。

相关链接：兵者，国之大事，死生之地，存亡之道，不可不察也。——《孙子兵法·计篇》

# 是而不用，非而不息，乱亡之道也

是而不用，非而不息①，乱亡②之道也。

——《韩非子·显学》

**注** ①息：制止，停息。
②乱亡：混乱灭亡。

●●● 释义 ●●●

正确的言行不加以采用，错误的言行不加以制止，这是使国家混乱灭亡的做法。

"是而不用，非而不息，乱亡之道也"，韩非子通过血的教训而总结出来的这条治国治军经验，是很深刻的。

先让我们来看一个因"是而不用"而导致败亡的历史典故。秦末时期，项羽、刘邦大破秦军，杀掉秦将李由，占领大片土地。项梁由此滋长了骄傲情绪，更为轻视秦军。宋义看到这种情形，就劝谏项梁说："凡是用兵打仗，如果战胜而将帅骄傲，士卒怠惰，那就要失败。现在将士们已经有些松懈，而秦军增援部队源源不断地开来，兵力日益增强。所以，我很为将军担忧，希望将军留意。"项梁不肯听从，却派宋义出使齐国。宋义在路上遇到齐国使者高陵君，说："依我推断，武信君（项梁）必然兵败。你如果慢步缓行，故意耽误时日，就可以避免被杀。如果疾步快行，肯定会遇上杀身之祸。"高陵君听信宋义的话，行程延缓下来，秦军果然全力出击，大破楚军于定陶，项梁战死。

再让我们来看一个因"非而不息"而导致灭亡的历史典故。晋武帝刚登上帝位，请人算了一卦，结果得到一个"一"字，他意为晋朝将传一代而亡，心里很不高兴。见此，侍中裴楷则乘机拍马说："臣闻天得一以清，地得一以宁，侯王得一以为天下贞（正）。"晋武帝听了很高兴，群臣也一齐叹服。晋武帝司马炎是靠篡魏登基的，原想通过卜筮来问国祚世数，结果得到一个"一"字。"一"是实数，含一世而绝之意，晋武帝自然要大大地不高兴。裴楷巧解"一"字，说成新朝政治清明，守"一"致贞，破除了晋武帝的疑虑。然而，晋武帝错误地理解裴氏之论，以为心病已除，

相关链接：非利不动，非得不用，非危不战。——《孙子兵法·火攻篇》

一统可传，于是为所欲为，结果种下祸乱根子。身死不久，八王乱起，五胡侵扰，中原动荡，西晋覆亡，把一个好不容易统一起来的国家重新推向了战祸连绵的灾难深渊，其教训是十分深刻的。

正是鉴于此类的亡国教训，孙子早在迷信鬼神、盛行占卜的古代就提出，正确的先知预见不能取决于鬼神、问事于卦象、验证于猜度。那个时代能提出这一先知"三不可"的原则，是非常不容易的。

记取历史的经验教训，我们必须在事关国家兴亡、民族振兴的大是大非面前保持旗帜鲜明的立场态度。例如进入新的世纪后，我们还要不要继续坚持有中国特色的社会主义道路？要不要继续坚持改革开放？要不要继续坚持科学发展、和谐发展？要不要继续坚持国家统一？在这些大是大非的问题面前，就必须果断地用是息非。这也就是韩非子名言"是而不用，非而不息，乱亡之道也"的现实警世意义。

名家美文话格言

相关链接：是非明而后可以施赏罚。

——王安石：《九变而赏罚可言》

# 治心之道

立身处世，当以治心为重。中华哲
人在这方面的警句格言中，对指导
现代人的健康成长，仍有很强的现
实针对性。

# 人心惟危，道心惟微，惟精惟一，允执阙中

人心惟危①，道心惟微②，惟精惟一，允执阙中③。
无稽之言勿听，弗询之谋勿庸。可爱非君？可畏非民？

——《尚书·大禹谟》

| 注 | ①危：险危。<br>②微：精微。<br>③中：中道。 |

●●● 释义 ●●●

人心险危，道心精微，唯有精研与专一，才能诚实地保持着中道。无信验的话不要听，没有经过咨询的谋划不要用。可爱的不是君王吗？可畏的不是民众吗？

"人心惟危，道心惟微，惟精惟一，允执阙中"，历来被儒家，特别是宋儒认作"自尧舜以来所传"的华夏道统，"圣人心法"。朱熹说："尧舜时未有文字，其相接受口诀只如此。""尧舜禹汤文武治天下，只是这个道理。圣门所说，也只是这个。"

这十六字"圣人心法"，相传是舜让王位给治洪水有功的大禹时所传授的。年迈的舜语重心长地告诫大禹说："自帝尧以来六十年过去了，气候反常，天下多事，人心不稳。现在百废之举，要靠你们的努力了。你要切记，治国之要在于安民，安民之要在于能安其心。然而天地万物，唯有人心最难安稳。人心飘忽不定，易于徇私，难以立公。所以从天下为公来看，人心十分危险。道心舍己为人，舍人为天，所以难明而易暗。变人心为道心的方法，唯有精研与专一，诚实地保持着中道。大禹啊，你执政后，凡是没有根据的无稽之谈你不要听，凡是没有征询过大家意见的计谋你不要采用。人民最爱戴的，难道不是他们的君王吗？君王最敬畏的，难道不是他的臣民吗？天下假若没有元首，万邦的民众又去拥戴谁呢？假如元首舍弃了广大民众，又会有谁能够为他去戍守国邦呢？大禹啊，这些为君之道，你不可不铭记，不可不敬慎！"

然而对"人心惟危，道心惟微，惟精惟一，允执厥中"这一"圣人心法"的认识与运用，大禹也经历了一番曲折的过程。当时四海归心，唯有三苗不服，大禹率军去征伐。战争打了三十多天仍无法结束，三苗依然还在顽强地抵抗着大禹的军队。

这时襄赞军机的伯益对大禹说："帝禹啊，唯有仁德才能感动天地，天涯海角也好，穷乡僻壤也罢，只要施人以德，这力量没有达不到的。太阳当顶，就要开始西沉。月亮正圆，就要变为亏缺。人自满了就会招来损害，君子谦逊了才能得到益处。当初大舜帝躬耕历山，没日没夜往来于地头田间。然而他的父亲瞽瞍耳聋眼瞎，不明事理，继母泼悍顽嚣，处处刁难。身为人子，大舜帝忍辱负重，宁可让自己背着不孝的罪名，宁可使自己招来邪恶的名声，也不愿让父母的名誉受到任何损伤。他服侍父亲从不懈怠。历经种种磨难后，瞽瞍的态度才有了转变，对儿子慢慢和顺起来。常言道，精诚所至，金石为开。帝禹啊，人的至诚之心既然能够动天地泣鬼神，难道对三苗来说，就一点作用也不起吗？"

伯益的一番良言，改变了大禹的思路，他决定罢战还师，运用十六字心法来收服叛逆的三苗之心。回到京都，大禹按照他的新思路又重新调整了他不再作战的精锐之师，并改弦更辙，向天下广布文德仁爱，比以往更加注重礼仪教化。将士们一次次手握盾牌，身着翳羽，昔日凶勇斗狠，如今庄严静穆，在宫廷的台阶上，在宾主欢惬祥和的氛围里，纷纷列队，翩翩起舞。又过了70天，三苗自愿前来，向广播仁德的大禹表示了顺服。

大禹认识与运用"圣人心法"经历的曲折过程，对我们今天的现实生

相关链接：人心之危，道心之微，危微之几，惟明君子而后能知之。——《荀子·解蔽》

153

活仍有警示与启迪意义。这就是要安定天下，当以攻心为上。攻心就要懂得治心之法，既不要让人心随欲望泛滥而变得危险，又不要不顾民情，像宋儒那样"存天理，灭人欲"。而要善于采用辩证的中庸之道保持人心与道心的和谐平衡，并用道心去导引人心，熏陶人心。这样，我们这个多元化的社会才能走上科学发展、和谐发展的稳健之路。

名家美文话格言

相关链接：故上兵伐谋，其次伐交，其次伐兵，其下攻城。——《孙子兵法·谋攻》

# 上善若水几于道

上善①若水，水善利万物而不争；处众人之所恶，故几②于道。

——《老子·八章》

注　①上善：最高等的善。
　　　②几：接近。

●●● 释义 ●●●

上等的善就像水一样。水善于滋润万物但不与万物相争，处在众人所厌恶的低洼地方，所以最接近于道的本性。

孔子说过，"仁者乐山，智者乐水"。老子作为人类思想史上难得的大智者不仅乐水，而且把水推崇为最接近大道的最高等的善。老子还将水人格化，提出水有"七善"：善地、善渊、善仁、善信、善治、善能、善时。老子认为治心，完善人格心理，就应具有水的这些德性。

首先，悟道之人治心，要学习水的公心。水的公心表现在善于滋润万物而不和万物相争。无论什么动物、植物，体内都含有水分，水滋养了万物，善利万物，但又从不争功、夸功；也正因为不争，所以"天下莫能与之争"。

相关链接：江海所以能为百谷王者，以其善下之，故能为百谷王。——《老子·六十六章》

其次，悟道之人治心，要学习水的虚心。水的虚心表现在"水往低处流"，甘于处在低卑的地方。你看江河就处于大山之下，大海又处于江河之下。惟其地势低于百谷，才能容纳百谷之水，从而成为百谷之王。有一个"望洋兴叹"的故事很能说明这一点：

秋水涨了，无数条溪水汇合于大河，河水猛涨，淹没了两岸的高地和水中的沙洲，河面宽得看不清对岸的牛马。这样一来，河伯就洋洋自得起来了，以为世界上所有壮丽的景色都集中在自己身上了。他顺着河水向东行，一直来到北海，向东一望，一片辽阔的大海，看不见水的边际。于是乎，河伯才收敛了他的骄傲之心，仰望着海洋，向海神感慨地说："有的人只听到万分之一的道理，就以为谁也比不上自己，这说的正是我自己呀！今天我亲眼看到您的浩瀚无边，才知道自己往日的见闻实在太浅陋啊。如果我不到你这里来看一看，那就危险了，那样，我将会永远受到深明大道的人的耻笑！"

再次，悟道之人治心，要学习水的诚心与韧劲。在现实生活中，人难免要遇险；而一旦遇险，一个人能否像水一样有一种始终往前流淌的信念与韧劲，对于脱离险境至关重要。

国外曾报道过这样一个故事，说的是地震中一对父子的历险记。1989 年美国洛杉矶一带发生了大地震，有 30 万人受到伤害。地震刚刚过去，一位父亲就赶到 7 岁儿子上学的学校，昔日漂亮的三层教学楼已变成了废墟。他跪在地上大哭："阿曼达，我的儿子！"猛然他想起自己常对儿子说的一句话："不论发生什么，我总会跟你在一起！"他站起身，走向那片废墟，他知道儿子的教室在楼左后角处，就到那里开始挖掘。在挖掘中，有些孩子的父母也陆续赶来，看到一片废墟，痛哭后都离去了。有的人看到这位父亲在挖掘，就说"太晚了，他们已经死了"，他不理，继续挖。救火队长与警察前来劝阻，他还只是挖。他心中只有一个信念："儿子在等着我！"挖了 8 小时、24 小时，到第 38 小时，他听到底下传来孩子的声音："爸爸，是你吗？"是儿子的声音，父亲大喊："阿曼达，我的儿子！"在得知里面还有 14 个孩子时，周围的人都来帮忙。当一个安全的小出口开辟出来后，父亲说："出来吧，阿曼达！"儿子却说："不！爸爸，先让别的同学出去吧，我知道你会跟我在一起，我不怕，不论发生了什么，我知道你总会跟我在一起的。"

　　就是这样，爱心维系着父子两人度过了最危险的时刻。这个外国故事也许离我们很遥远，但它反映的道理却是与古人的警世格言相通的。它形象地告诉我们，治心就要像水那样有公心、虚心与诚心，这样才能达到大道的境界。

相关链接：实淡泊而寡欲兮，犹咍乐而长吟"。——曹植：《蝉赋》

名家美文话格言

相关链接：非礼之礼，非义之义，大人弗为。——《孟子·离娄下》

# 平常心是道

赵州问南泉<sup>①</sup>："如何是道？"南泉曰："平常心是道。"

——《景德传灯录》

**注** ①南泉：指南泉普愿禅师。

●●● 释义 ●●●

一心学佛的赵州问南泉普愿禅师："道是怎么样的？"南泉禅师回答说："平常心就是道。"

"平常心是道"，是中国化的佛学——禅宗倡导的一种人生境界。对于"平常心是道"，著名禅师马祖道一曾作过具体解释。他说，何谓平常心？无造作，无取舍，无断常，无凡无圣。经云：非凡夫行，非圣贤行，是菩萨行。只如今行住坐卧，应机接物，尽是道。世俗人容易被外在形形色色的物象所诱惑，以为要得道，要提高人生境界是非常高深的事情，其实，只需保持一颗平常心，排除外界的干扰，"不以物喜，不以己悲"，明心见性就行了。

有一个故事能很形象地说明这种"平常心是道"的人生境界：

三伏天，禅院的草地枯黄了一大片。"快撒点草种子吧，好难看那!"小和尚着急地说。

"等天凉了。"老和尚挥挥手说，"随时。"

中秋，老和尚买了一包草籽，叫小和尚去播种。秋风起，草籽边撒边飘。"不好了！好多种子都被吹飞了！"小和尚喊叫起来。

"没关系，吹走的多半是空的，撒下去也发不了芽。"老和尚回答说，"随性。"

撒完种子，跟着就飞来几只小鸟啄食。"要命了！种子都被鸟吃了！"小和尚急得直跳脚。

"没关系，种子多，吃不完。"老和尚泰然说，"随遇。"

半夜一阵骤雨，小和尚早晨冲进禅房报告："这下真完了！好多草籽被雨冲走了！"

"冲到哪儿，就在哪儿发芽。"老和尚说，"随缘。"

一个星期过去了，原本光秃的地面，居然长出许多青翠的草苗。一些原来没播种的角落，也泛出了绿意。

小和尚高兴得直拍手。老和尚只是点点头："随喜。"

"随时""随性""随遇""随缘""随喜"，一切顺其自然，不怨恨、不躁进、不过度、不强求。平常心境界就是要有这种"随"的精神，该怎么样就怎么样，一切顺其自然，不要患得患失，结果往往出人意料。

在日常生活中，这种"平常心是道"的人生境界并非高不可攀。在美国芝加哥市的西北角，有一座名叫罗爱德的平常小镇。这座平常小镇的教育机构为镇里一位女教师举办了一次平常无奇的摄影展览，展出的都是这位教师拍摄的女儿的日常生活照片。出人意料的是，从美国各地来了2800多位记者，打破了美国个人摄影展览采访记者人数的历史纪录。

这位女教师叫露依丝，当年45岁，自1991年起一直在小学任教。她生活很一般，与众不同的是，她坚持每天给女儿珍妮照一张相，从女儿出生到20周岁，足足照了20年，照了7300多张。她把这项活动称为"女儿每天都是新的"。展览馆共有8层展厅，平心而论，这些照片本身都没有什么高超之处，从拍摄技术到画面内容，都很平凡，甚至有千篇一律之嫌。然而，就是这些平凡的照片轰动了整个美国，扬名于世界，因为它体现了露依丝对女儿珍妮永恒的爱，露依丝也因此被评为优秀教师。

由此可见，平凡铸就伟大，不平凡的"道"就寓于爱子的平常心中。

明道

相关链接：理即是心，心能平等，名之为理，理能照明，名之为心，心理平等，名之为佛心。——《楞伽师资记》

我们每一个人如果能在平凡的日常生活中，坚持为善，不以善小而不为，日积月累，平凡人也能为振兴民族的大业做出不平凡的事业。而要持之以恒，长期坚持这样做，首先就必须以平常心来看待平凡与伟大，看待名利得失，不好高骛远，也不妄自菲薄。这也就是"平常心是道"的现实警世意义。

名家美文话格言

相关链接：非淡泊无以明志，非宁静无以致远。

——刘安：《淮南子·主术训》

# 容乃公，公乃全，全乃天，天乃道

夫物芸芸，各复归其根①，归根曰静，静曰复命，复命曰常，知常曰明。不知常，妄作凶，知常容②，容乃公，公乃全，全乃天，天乃道，道乃久，没身不殆③。

——《老子·十六章》

相关链接：执大象，天下往，往而不害，安平太。——《老子·三十五章》

**注**
①根：根源、本原。
②容：包容。
③没身不殆：一辈子没有危险。

●●● 释义 ●●●

自然万物纷繁众多，最终都要各自返回它们的本原，这称作"静"，这叫做回到生命的起点。回到生命的起点是永恒不变的规律。知道这一规律，就是明智。不认识自然，就会轻举妄动，一轻举妄动，就会招惹灾祸。懂得这一规律就能包容一切。能包容一切就公道无私，公道无私就合王道。王道就合天理自然，合于自然才能符合"道"，符合"道"才能持久，一辈子才不会遭遇危险。

"知常容，容乃公，公乃全，全乃天，天乃道，道乃久，没身不殆"，是老子提出的一句非常精辟的警世格言。这句警世格言首先揭示了自然界的均衡发展、可持续发展的普遍规律。自然之道的最大特点就是能包容一切，能包容一切就公道无私，公道无私就合王道，合天理自然，合于自然才能符合"道"，符合"道"才能持久。应用这一规律于修身治心，就突出了确立包容心、公道心的重要性。对这一点我们能举出许多生动的例子来加以证明。

美国南部有一个州，每年都举办南瓜品种大赛。有个农夫的成绩很优异，经常得优等奖。他在得奖之后，总是毫无保留地将得奖的种子分送给街坊邻居。有一位邻居就很惊异地问他："你的奖项得来不易，每次都看你投入大量的时间和精力来做品种改良，为什么还这么慷慨地将种子送给我们呢？难道你不怕我们的南瓜品种因此而超越你的吗？"

这位农夫回答："我将种子分送给大家，帮助大家，其实也就是帮

名家美文话格言

相关链接：民不畏威，则大威至。无狭其所居，无厌其所生。——《老子·七十二章》

助我自己!"接着他讲了为什么"帮助大家,其实也就是帮助我自己"的道理。

原来,这位农夫所居住的小镇是典型的农村形态,家家户户的田地都毗邻相连。如果农夫将得奖的种子分送给邻居,邻居们就能改良他们南瓜的品种,也可以避免蜜蜂在采蜜的过程中,将邻近的较差品种的花粉传播到自己的南瓜上来,这样这位农夫才能够专心致力于品种的改良。相反,若农夫将得奖的种子私藏,则邻居们在南瓜品种的改良方面势必无法跟上,蜜蜂就容易将那些较差的品种的花粉传播到他的南瓜上,这样他必须在防范外来花粉传播上大费力气。

由此看来,尽管这位农夫和他的邻居们是处于互相竞争的环境中,然而在另一方面,双方却又处于微妙的互补合作状态。如果这位农夫没有容人之心,助人之举,反过来就会给自己增添无数的麻烦。而彼此互助,共同提高,却因合于自然之道而获得持续发展。

"知常容,容乃公,公乃全,全乃天,天乃道,道乃久,没身不殆。"这句警世格言的另一层深意,是老子想用这种从自然界悟出的道理去说服君王确立包容心、公道心,实行容众助民的王道。这一主张虽然带有空想的性质,但对缓解社会矛盾,无疑是有积极意义的。

相关链接:天不言而四时行,地不语而自物生。——李白:《上安州裴长史书》

# 明于权者不以物害己

**知道者必达于理①，达于理者必明于权②者，明于权者不以物害己。**

——《庄子·秋水》

> **注**
> ①理：事理、规律。
> ②权：应变。

●●● 释义 ●●●

深明大道的人必能通达事理，通达事理的人必能通达权变，通达权变的人不会让外物损害自己。

道家学派的代表人物庄子深明道、理、权、物之间的辩证关系，认为深明大道的人必能通达事理，通达事理的人必能通达权变，通达权变的人不会让外物损害自己。然而在现实生活中，由于贪欲心的驱使，人们往往忘记古人的这些警世格言，舍弃纯净的自我本性而追逐财物，从而演出一场场"以物害己"的人间悲剧。

唐太宗李世民为倡廉反贪，给大臣们讲了一个故事：西域有一个商人，偶然间得到一颗非常稀有的珍珠。因为这颗珍珠很值钱，商人一直很担心别人会来偷他的珍珠，所以，他想尽办法要把它藏在一个比较隐

名家美文话格言

相关链接：人性清静，本无系累，嗜欲所牵，舍己逐物。——黄石公：《素书》

蔽的地方。不过，尽管换了很多地方，他都觉得不够安全。有一天，他终于想到一个自以为最好的办法，他把自己的肚子剖开，把珍珠藏在肚子里。然而这样一来，商人也因伤口化脓恶化而死了。唐太宗讲完故事后，就问大臣们："你们说世界上真的有这种人吗？"大臣们有的说有，有的说没有。唐太宗接着说："商人的行为的确很荒谬，但是，有的人为了贪污而失去性命，有些皇帝为了追求享乐而断送国家的未来，他们的行为不就和那个商人一样笨吗？"

然而，一些人为金钱、权欲、美色所迷，还是要重复这位商人"以物害己"的愚笨做法。时至今日我们看到的被贪欲心扭曲人性、引入邪路，最后断送前途的贪官污吏难道还少吗？

有一位穷人因得到一张侥幸的彩票，一下子中奖获得数百万元。面对突至的财富，他不知所措，心理也失去了平衡，任金钱牵着自己命运的鼻子胡作非为。随后，人们看到一个谦逊的人变得轻狂，一个律己很严的人沾染了一身恶习，一个重爱情和亲情的人抛妻别子。最后这个人的财富挥霍而尽，以家破人亡谢幕。

美国石油大王洛克菲勒在人生事业刚开始时，曾是一个勤俭奋斗、口碑很好的人。但当他暴发后，就变得贪婪、冷酷，对工人盘剥压榨，无所不用其极。宾夕法尼亚州油田附近的居民对他恨之入骨，甚至将他的木偶像施以"绞刑"。洛克菲勒本人也在耗尽心血的盘剥中操劳过度，医生诊断他的身体状况后说：为金钱极度操劳的他，只能活到50岁。后半生，洛克菲勒痛定思痛，变贪心为乐善好施，98岁去世的那年，他手中只剩下一张第一号石油公司的股票，其余产业已在生前捐掉或分赠给了继承者。

总结这些为贪心所驱，为物所役，为物所伤的经验教训，钢铁大王安德鲁·卡内基说："一个人死的时候还极有钱，实在死得极可耻。"另一位美国大亨默尔也说："富裕和肥胖没什么两样，也不过是获得了超过自己需要的东西罢了。"

而肥胖又是什么呢？美国最胖的好莱坞影星罗斯顿，临终前对自己喃喃自语："你的身躯很庞大，但你的生命需要的仅仅是一颗心脏。"

明白这些道理后，我们在治心上就必须力克贪心，让财富不仅不能"以物害己"，而且要让它"以物利人"。香港著名企业家余彭年创业成功，积累巨额财富后，便全力投入社会慈善事业。至今，余彭年已累计捐款20

亿元，捐献救助的范围遍及大江南北。然而作为一个富豪，余彭年对自己的生活要求极低。他与员工们一起工作，一起吃饭，一天三餐常常只是一碗牛奶、一碗面条和一碗青菜汤。他的穿着也不讲究，衣柜里甚至还有20多年前的一件短袖衬衫。2006年，胡润中国慈善榜揭晓，余彭年名列榜首，各种荣誉纷至沓来。对于这一切，余彭年很淡然，他说："我都80多岁了，要虚名干什么？只要老百姓记得我，说我好，我就满足了。"

相关链接：中无惑意，外无邪灾。——《管子·内业》

# 心不清则无以见道

**心不清①则无以见道，志不治②则无以立功。**

——林逋：《省心录》

> 注 ①清：清明、清净。
> ②治：治理。

●●●● 释义 ●●●●

　　心里不清明，多贪欲，就不能认识道的真谛；志向不治理，多妄念，就不能建功立业。

　　名士林逋在《省心录》讲的"心不清则无以见道，志不治则无以立功"，是一句劝人治心见道立业的著名格言。古今中外许多成功人士的人生经验都表明了心里不清明，多贪欲，就不能认识道的真谛；志向不治理，多妄念，就不能建功立业。旷古游圣徐霞客走上成功的人生之路，就首先经历了一番清心治志的磨炼过程。

　　徐霞客出生在江苏省江阴县的一户书香门第，家境富裕，自幼好学，搦笔成文。15岁读遍祖遗"绛云楼"藏书，尤好奇书，对古今史籍及舆地志、山海图经等书籍，捧读夜以继日，可谓如痴如醉；甚至在私塾读书，也将奇书放到经书下偷阅，专心致志，"神栩栩动"。弱冠之年，便萌生游

名家美文话格言

相关链接：博学而笃志，切问而近思，仁在其中矣。——《论语·子张》

遍天下的想法。成年的徐霞客一表人才，磊落英奇，是一位博雅君子。他向来注重治心，淡泊功名，为遂父母意愿，才俯就应试，结果未中，就此一笑了之，转而"肆志玄览"，随性而为了。当时阉党乱政，东林党人聚居无锡讲学。受东林党人的影响，他对腐败朝政十分不满，视仕途更如敝屣，内心向往"问奇于名山大川"的生活。他在阅读古代地理典籍时，发现其中多所舛讹，于是立下宏志，决心"穷九州内外，探奇测幽"，抛弃闭门读书积年旧习，做一番实地考察的事业，身体力行去探索大自然的奥秘。

公元 1607 年，徐霞客 22 岁，他告别老母妻儿，提一根手杖，携一床被袄，走出家门，踏上旅程。母亲一路将他送到家宅东首的胜水桥下，临别之时，母亲将一顶亲手缝制的"远行冠"戴到儿子头上，令徐霞客怦然心动。父亲已逝，老母年已六十，按"父母在，不远游"的古训，他应当侍奉膝下，怎能抛别而去？他原本开不了要出游的口，是老母亲知他心意，反而鼓励他出门旅行，母亲对他说："身为男子，志在四方，驻留家园，一如篱内小鸡，车辕小马。"徐母教子确实非同常人。早年祖父徐有勉从京城带回一株五针松，徐母要儿子把五针松栽到院落中，那株五针松扎根大地之后，果然枝繁叶茂，生机勃勃。徐母的这一寓意深刻的做法，使小霞客深受教育。

徐霞客含泪与老母告别，登船前，母亲叮嘱他尽管放心游历，不必牵挂。徐霞客迈出了决定他一生的第一步，从此开始了壮怀天涯的万里征程，直到病逝。他出游三十余载，东渡普陀，北历燕冀，南抵闽粤，西达云贵，历经 16 省区的名山大川。徐霞客万里之行，吃尽人间千辛万苦。在湘江，他遇盗失财；在云南，他四次绝粮。然而他矢志不渝，"万里遐征"，终于写出六十余万字的考察游记，在"清心见道"、发现新的地质规律上作出了杰出贡献。

徐霞客对地貌和水文的研究，比西方学者的研究早一两个世纪。他是世界上研究石灰岩地貌的先驱，对自己所考察的一百多个岩洞的结构和内部情况都做了认真的探测。徐霞客对水道地理的考察也是慧眼独具。如他经过实地考察，指出金沙江是长江发源地，推翻了一千多年来陈相因的"岷山导江"的旧说。他长期观察流水侵蚀作用，从而提出了"江流击水，山削成壁"的精辟见解。英国著名科学家李约瑟博士在他的《中国科学技术史》中说："《徐霞客游记》读来并不像是 17 世纪的学者所写的东西，倒像是一位 20 世纪的野外勘测家所写的考察记录。他不但在分析各种地貌上具有惊人的能力，而且能够系统地使用各种专门术语。"《徐霞客游记》的出版，标志着我国地理学达到了当时世界领先水平。更重要的是，徐霞客清心治志、奋斗终生的精神，至今仍激励我们勇攀科学险峰。

170

# 治身之道

身体是干事业的本钱，青少年又处在长身体的关键时期，懂得一点前人总结出来的修性养生之道，实在很有必要。

# 治身，太上养神，
# 其次养形

治身，太上①养神②，其次养形③。

——刘安：《淮南子·泰族训》

**注**　①太上：首先。
　　　　②神：精神，心理。
　　　　③形：形体，生理。

 释义

治理身体，最好的是保养精神，其次才是保养形体。

　　任何人都具有精神与心理、形体与生理两个方面，因而人的健康成长就一定要同时兼顾这两个方面。"治身，太上养神，其次养形"，可以称得上是古人在养生治身上总结出来的至理名言。

　　首先，精神是统帅指挥人体的灵魂，精神垮了，再强的肉体也要跟着垮。人类学家发现澳大利亚曾经出现过一个野蛮部落，族人不分男女老幼，个个孔武有力，赤手空拳也能和狮虎搏斗。他们凭借残暴的性情与天赋的力量，长期欺凌其他弱小的族群。然而令人疑惑不解的是，这个身体孔武有力的部落却是澳洲所有稀少民族中最先灭亡的一支。

人类学家经过调查终于弄清了这个部落最先灭亡的原因。原来当时有人暗中查出这个部落传习着一种奇怪的心理信仰——禁止洗澡。他们认为身体的污垢是神赐的礼物，若是加以清洗，力量就会消失，如同软弱的兔子，毫无反抗之力，只有任敌人宰割。掌握了他们心理上的这个致命弱点后，几支弱小部落联合起来，在一个风雨交加的夜晚，将暴涨的河水引进他们所居住的洞穴。果然，突如其来的河水冲刷，令他们发出惊慌的哀号，一时之间，仿佛失去了所有的力量，一个个痴呆地瘫倒在地。于是弱小部落的武士乘机将一把把石刀刺进他们的胸膛。尽管鲜血四溅，他们却在相信自己力量已经完全消失的心理因素下，不做任何抵抗，任凭别人屠杀。由此可见精神能使人拥有力量，也能使人失去力量。培养健全的精神，确是最重要的养生之道。

其次，肉体是精神的依托，是养生的基础。没有一个好的身体，同样不会有健康的人生。要有一个好的身体，既要靠先天的遗传因素，也要靠后天的锻炼培养。古人曾说过"随之天资而安之不极（及）"，意思是要顺随天赋的资质，安然对待无可挽回的事情。其实，人是可以扼住命运的咽喉而有所作为的，生理上先天的不足，同样可以通过后天的锻炼去弥补。

这是发生在美国的一个真实故事。琼斯降生时，他的双脚向上弯着，脚底靠在肚子上。医生说经过治疗，琼斯可以像常人一样走路，但像常人一样跑步的可能性则微乎其微。为此琼斯 3 岁之前一直在接受治疗，经过按摩、推拿和锻炼，他的腿果然渐渐康复。七八岁的时候，他走路的样子已和正常人无样。

有时走的路远一些，比如去游乐园或去参观植物园，小琼斯会抱怨双腿疲累酸疼。这时候父母会停下来休息一会儿，但并不告诉他，他的腿为什么细弱酸痛，也不告诉他这是因为先天畸形。而当小琼斯与其他的小孩子一起做游戏时，父母也从不说他和别的孩子不一样。

七年级的时候，琼斯决定参加跑步横穿全美的比赛。每天他和大伙儿一块儿训练。也许意识到自己先天不如别人，他训练得比任何人都刻苦。虽然他跑得很努力，可是总落在队伍后面，但父母并没有告诉他不要期望成功。训练队的前七名选手可以参加最后比赛，为学校拿分。父母没有告诉琼斯因先天不足，他也许会落空，而是鼓励他去拼搏。

与别的学生一样，他坚持每天跑 6～8 千米。有一次，他发着高烧，放

相关链接：随之天资而安之不极。——《淮南子·精神训》

学后父亲来到训练场，心想琼斯也许不会参加晚上的训练了。但父亲发现他仍一个人沿着长长的林荫道在坚持跑步。两个星期后，在决赛前的三天，长跑队的名次被确定下来。琼斯是第六名，而在全部选手中他才是个七年级学生，其余的人则是八年级的学生。狭路相逢勇者胜，面对先天的不幸和灾难，琼斯终于靠后天的刻苦锻炼获得了成功。

名家美文话格言

相关链接：天行健，君子以自强不息。——《周易》

# 阴阳者，生杀之本始

阴阳者，天地之道也，万物之纲纪[1]，变化之父母，生杀之本始[2]，神明之府也。

——《黄帝内经·素问·阴阳应象大论》

> **注** ①纲纪：纲领、根本规范。
> ②本始：本原、初始。

●●● 释义 ●●●

  阴与阳两个方面的对立统一，是宇宙的根本规律，它是万物的总纲，变化的产生原因，生死的初始本原，神明所在的殿府。

  在中国传统的科学中，中医学是中国人养生治病的指南，是唯一能够保存至今并与西方医学相抗衡的学科。那么中国传统医学究竟凭借什么"立身"，它的奠基之作与基本原理是什么呢？了解中医的人都知道，中医学早在《黄帝内经》中就已奠定了自己的基本形态。

  《黄帝内经》是中华道学在医学中的创造性应用。"阴阳者，天地之道也，万物之纲纪，变化之父母，生杀之本始，神明之府也"，这句名言可以说是《黄帝内经》的总纲。

  从战国时代的医学家扁鹊的医疗实践中，我们就能了解中医学是如何运用阴阳之道，把握"生杀之本始"，进行养生治病的。

  扁鹊在行医的过程中学习各家之长，逐步形成了一套科学的望、闻、问、切诊断法，成为当时驰名各国的良医。

  据传，扁鹊有一次带领弟子到虢国行医，遇上虢国在为太子办丧事。

扁鹊就向太子的侍官打听太子患病和死亡的情况，经过详细询问后，他认为太子不一定是真的死去，就主动提出要进宫救治太子。经国君同意后，扁鹊入宫给太子仔细切脉诊断，发现太子还有非常微弱的脉搏跳动、非常缓慢的呼吸，大腿根还有温感，断定太子得了尸蹶病（类似现代的休克）。于是，扁鹊就让弟子在太子头部的百会穴扎了一针，过了一会儿，太子渐渐苏醒过来。后来他又在太子的两腋下做热敷，太子慢慢地坐了起来。再经过二十多天的汤药治疗，太子就恢复了健康。

还有一次，扁鹊到蔡国行医，见了蔡桓公后，他看了看桓公的气色，对他说："看你的气色像是得了病，病在皮肤部位，如能及时治疗是会好的。"蔡桓公听后，认为自己感觉很好，不以为然。过了十天，扁鹊又见到蔡桓公，提醒他说："你的病已侵入肌肉了，再不医治，病情就更重了。"桓公仍不介意。又过了十天，扁鹊见到蔡桓公，又对他说："你的病已经到了肠胃里了，再不治疗，病情就恶化了。"蔡桓公听了很不高兴，对扁鹊理也不理。又过了十天，扁鹊远远望见桓公，话也不说，转身就走。桓公感到奇怪，就派人去问扁鹊。扁鹊说："桓公的病起初在皮肤，用热水焐或者用药物热敷就能治愈；后来病在肌肉血脉，可用针灸治疗；再后来病进入肠胃，还可以用药酒、药剂来治疗；现在桓公的病已侵入骨髓，已经无药可救了。"果然过了五天，蔡桓公浑身疼痛，派人去请扁鹊，扁鹊早已离开蔡国了，蔡桓公最终被病魔夺去了性命。

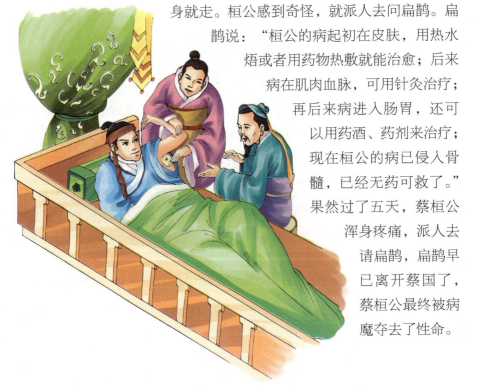

# 养性之道在适度

明道

养性之道，莫久①行、久坐、久卧、久视、久听、莫强②食饮，莫大沉醉，莫大愁忧，莫大哀思。

——陶弘景：《养命延性录·教诫篇》

> **注** ①久：长久，过分。
> ②强：勉强。

相关链接：凡生之生也，必以其欢，忧则失纪，怒则失端。——《管子·内业》

●●●● 释义 ●●●●

养命延性的规律与方法，在于不要过度地行走、坐卧，过分地看和听，不要大吃大喝，不要太忧愁，也不要太哀伤。

中国的道家历来注重养生，陶弘景的《养命延性录》就总结了许多道家养生的方法。"养性之道，莫久行、久坐、久卧、久视、久听、莫强食饮，莫大沉醉，莫大愁忧，莫大哀思"，这句名言揭示了养性之道的关键在适度。

荀子说："养备而动时，则天不能病，养略而动罕，则天不能使之全。"可见养生如果只强调一面，不把握适度原则，就不足以保健和去病延年。

以饮食来说，不讲适度原则，肥胖症、高血压、高血脂、高尿酸、糖尿病、心血管病等现代病就会越来越严重，并且出现低龄化的趋势。这对提高全民族人口素质，特别是青少年的健康水平极为不利。因此对讲究营养的现代人来说，在饮食中注意营养的合理结构，以食疗来辅助药疗，就显得尤为必要。如缺碘的人注意在饮食中多吃碘量丰富的海带，有脚气病的人多吃五谷粗粮等，这些简易有效的食物疗法在唐代时就有医生提出过，这个医生叫孙思邈。

孙思邈从治疗雀盲眼症中得到启发，在以后的行医中又先后用谷白皮或麦麸煮粥治疗脚气病；用动物甲状腺治疗粗脖子病；用鳖甲治疗小儿

佝偻症等，都收到了显著的疗效。以后，他在撰写的医药名著《千金要方》中，专门设《食治》卷，收集了果实、蔬菜、谷米、鸟兽四类日常生活食品共计154种，总结和介绍了它们的性味和功效。这样，孙思邈在医学史上第一个明确提出了食物疗法的科学观点。

在中医学中，只要掌握辨证养生施治的适度原则，就是稻草也能成为赛过人参的特效药。1963年，苏州军分区政委谭成章少将得了个怪病：一个星期没有大小便，人处于休克状态，肚子与日增大。医院也说不清是什么病，开了800多元的一帖中药也不见效。后请江阴名医郁祖祺诊治，他开了张奇怪的处方，要警卫员速去郊外，取鲜稻草若干同煎。服药后不久，将军肚中便咕咕作响，随即连连放屁，很快两便皆通，清晨，鼓胀的肚子就消了下去。这是什么道理呢？老中医回答说，将军得病的起因是胃受寒冷，又吃了过多的不易消化的牛肉，致使积食阻塞，在消化道内发酵膨胀。《本草纲目》记载稻草能理气消积。用现在的观点讲，稻草中含有某些可溶性蛋白酶成分。民间煮食牛肉，为求其速烂，常加稻草同煮，即其道理。所以以鲜稻草为主药，佐以其他配药，一剂而愈。这叫"药无贵贱，对症就好"。这一番话，对于我们掌握辨证养生施治的适度原则是很有启示的。

相关链接：不欲极饥而食，食不过饱，不欲极渴而饮，饮不过多。——葛洪：《抱朴子》

# 危身弃生以殉物，岂不悲哉

故尝试论之，自三代以下者，天下莫不以物易其性矣。小人则以身殉②利，士则以身殉名，大夫则以身殉家，圣人则以身殉天下。故此数子者，事业不同，名声异号，其于伤性，以身为殉，一也。

——《庄子·骈姆》

> 注 ①易：改变。
> ②殉：牺牲。

●●● 释义 ●●●

为此试作如下论述，自夏商周三代以来，天下没有人不凭借外物来改变自己的本性的。平民百姓为了求利而牺牲自身，士人为了名声而牺牲自身，大夫为了家族而牺牲自身，圣人为了天下而牺牲自身。所以这四种人，事业不同，名声也有各自的称谓，但是伤害人的本性、牺牲自身，却是一样的。

道家主张治身之道，要在顺应自然，全身保性。用外物来改变自己的本性，甚至为了外在的名利而牺牲自身，实为不智。

名家美文话格言

相关链接：能尊生，虽富贵，不以养伤身。——《吕氏春秋·审为》

为说明这个道理，庄子讲了这样一个故事：有个因拜见宋襄王，而被赏车十乘的人，驾着车在庄子面前炫耀。庄子对他说："河边有户穷得靠编织苇席谋生的人家，其子潜入深渊，捞得千金之珠。其父见了慌忙说，'快用石头砸了它吧！想那千金之珠，肯定在九重深渊的黑龙额下。你能拿到它，一定是碰巧黑龙正在睡觉。假使黑龙醒了，你恐怕性命难保。'而今宋国之深，非只九重之深渊也；宋王之猛，非只凶狠之黑龙也。你能得车，必是碰上他睡觉了；假使宋王醒来，你将粉身碎骨矣。"

为什么贪图财物会招灾祸呢？庄子又讲了一个"螳螂捕蝉，怪鹊在后"的寓言：庄周到雕陵的栗园里去游玩，走近篱笆，忽然看见一只怪异的鹊从南方飞来，翅膀有2米多宽，眼睛直径有3厘米长，顺着庄周的额角飞过去，停在栗树林中。庄周说："这是什么鸟呀！翅膀大而不能远飞，眼睛大而目光迟钝。"于是提起衣裳，快步走过去，拿着弹弓窥伺它的动静，想把它打下来。这时，忽见一只蝉儿，正得意树叶荫蔽，而忘了自身；就在这刹那间，有只螳螂借着树叶掩蔽着，伸出臂来一举而缚住蝉儿，螳螂意在捕蝉，见有所得而显露自己的形迹；恰巧这只怪鹊乘它捕蝉的时候，攫食螳螂，然而怪鹊见利而不觉有人已拿弓盯着自己。庄周见此连环相搏，顿悟：物与物互相侵害，这是由于两类之间互相招引贪图所致。想清这一点，他赶紧扔下弹弓，回头就走。恰在此时，看守果园的人以为他偷栗子，便追着来痛骂他了。由此可见，贪心谋算他物，就会招引别物来谋害自己。唯有泯除贪欲心计，方能免于卷入物物竞逐的循环斗争中。这一点，对我们今天仍有警戒意义。

必须指出的是，庄子这种全身保性的思想并非仅是一种消极的贪生怕死哲学。庄子反对以物易性，劝人避免在世俗的物欲之争中丧身的悲剧，是为了作自由的"逍遥游"，是为了更宏大的精神追求。据说，庄子的好友惠子在梁国做了宰相，庄子想去见见这位好朋友。有人急忙报告惠子道："庄子名声大，他此行定是想取代您的相位。"惠子听了很惶恐，想阻止庄子来梁国，便派人在国中搜查了二天二夜。但他没有料到庄子会从容而来拜见他道："南方有只鸟，其名为凤凰，您可听说过？这只凤凰展翅而起，从南海飞向北海，非梧桐不栖，非好果不食，非醴泉不饮。这时，有只猫头鹰正津津有味地吃着一只腐烂的老鼠，恰好凤凰从头顶飞过。猫头鹰急忙护住腐鼠，仰头视之道：'啊！'现在您也想用您的梁国来吓我吗？"

相关链接：夫养生者，先须虑祸，全身保性。——《颜氏家训·养生》

惠子就是这只一心护住腐鼠的"猫头鹰",与他相比,庄子视权贵如腐鼠,视钱财如粪土,是飞翔于广阔天地的展翅"凤凰"。在市场经济的激烈竞争中,是做一只一心护住腐鼠的"猫头鹰",还是做一只目光远大的展翅"凤凰"?两种人生境界,判若天壤之别。这就是庄子寓言的现实启示意义之所在。

# 功遂身退，天之道也

持<sup>①</sup>而盈之，不如其已。揣<sup>②</sup>而锐之，不可长保。金玉满堂，莫之能守。富贵而骄，自遗其咎。功遂<sup>③</sup>身退，天之道也。

——《老子·九章》

注
①持：储蓄，积累。
②揣：捶击。
③遂：完成。

●●● 释义 ●●●

积聚财富，使它满盈，不如适可而止。捶击金属，使它锋利，不能长保。金玉满堂，没有谁能守住。富贵而骄奢，自取灾祸。功业既成，引身退去，是自然的规律。

老子对人生与人性的观察是极其深邃的。人莫不爱财慕富，贪恋荣华，但是放眼历史上的金玉满堂之家，谁能守护住？财产积累当有"度"，贪欲无度，"持而盈之"，则"不如其已"。如果富且骄，贵且奢，那么就会遭受到灾祸。由此老子引出了"功遂身退，天之道也"这句警告世人的格言。

相关链接：名与身孰亲？身与货孰多？得与亡孰病？甚爱必大费，多藏必厚亡。——《老子·四十四章》

183

中国历史上功成而不知进退的教训是很多的。春秋时越国大夫范蠡、文种助越王灭了吴国，范蠡自动退隐，泛游五湖，教民养鱼制陶，经商致富，成为著名的巨商"陶朱公"；文种不及时隐退，终为可共患难、不可共富贵的越王所杀。汉初，韩信、张良助刘邦夺得天下，张良功成身退，得以善终；韩信在功成名就时未及时隐退，后来被吕后以"谋反"之名杀了。

秦朝的权贵李斯煞费苦心为秦王扫平六国，一统天下，身居相位后"持而盈"，"揣而锐"，不可一世，并助胡亥篡夺王位。但他最终免不了被胡亥、赵高找个借口"灭族"。临刑之时，他对其子说："吾欲与若复牵黄犬，出上蔡东门，逐狡兔，岂可得乎？"这是他临死时的醒悟，祈望重新返归田园，安度晚年，但屠刀之下悔之晚矣！

针对历史上这些不知"功遂身退"的悔恨，古人专门研究了在复杂的政治生活中如何退避，如何选择退的时机、退的方法。首先，这是因为现实生活是很复杂的，何为小人，何为君子？何为顺境中有危机，何为挑战中有机遇？这都不能轻易判断，故而往往难以做出决定。其次，由于各人的处境不同，性情志向各异，处理问题的方法也不一样，因而遇事对退避的态度也不一样，所以是否该退与退的利弊都不能一概而论，往往是因人而异。再次，退避也要考虑方式与程度。对某件事不表态、不参与或置之不理，都是退避，究以何者为宜？离开某一环境是为了改换门庭，还是"解甲归田"？退避是为了明哲保身还是为了以退为进，或两者兼有之？这些都需随机而定，不能执一而论。因而古人说"遁之时义，大矣哉"，说明研究退的学问与意义都是很大的。

其实老子讲"功遂身退"，并不是一定要人引身而去，隐匿形迹，都去做隐士。这里的"身退"主要是不要贪位，不要利令智昏的意思。老子要人在完成功业以后，不把持，不据有，不露锋芒，不咄咄逼人，不贪恋成果，不尸位其间，不自我膨胀，以免激起上下公愤，引来杀身之祸。老子历来反对墨法图利和儒者图名的立场，给予世俗之名利观念以猛烈的批判。老子说："名与身孰亲？身与货孰多？得与亡孰病？甚爱必大费，多藏必厚亡。"意思是说，声名、货利与生命相比较，哪一样更亲切、更贵重？取得名利和丧失生命，哪一样为害更大？这是不辨自明的。因此，过分的爱名和重利必定要付出更大的耗费，招致惨重的损失和牺牲。由此可见老子发出的"功遂身退，天之道也"的警世之言，表现出了对于历史的一种前瞻性，以及对于周围你争我夺、杀机四伏的生存环境的清醒的、睿智的把握与预测，实在是一剂警醒世人摆脱贪欲、养性修身的"解药"。

相关链接：功成身不退，自古多愆尤。——李白：《古风》

185

名家美文话格言

相关链接：

法天顺情，不拘于俗，不诱于人。——《淮南子·精神训》

# 取天地之美以养其身

**取天地之美①以养②其身。**

——董仲舒：《春秋繁露》

> **注**
> ①天地之美：自然界美好的精华。
> ②养：滋补、养育。

●●● 释义 ●●●

获取自然界美好的精华，用来滋养自己的身体。

　　日本前首相吉田茂曾写过一本书，书名叫《激荡的日本百年》。在这本书中，吉田茂讲了这样一则故事：

　　第二次世界大战中，德国的许多城市被炸成一片废墟。战争结束后，有一天，美国社会学家波普诺带着几名随从人员来到德国。他们看望了许多户住在废墟地下室的德国居民。这时，波普诺就向随从人员问了一个问题："你们觉得这个民族还能够振兴起来吗？"

　　"难说。"一名随从人员随口答道。

　　"他们肯定能！"波普诺非常坚定地给予了纠正。

　　"为什么呢？"随从人员不解地问道。

波普诺看了看他们，又问："你们在到每一户人家的时候，注意到他们的台子上都放了什么吗？"

随从人员异口同声地说："一瓶鲜花。"

"这就对了！任何一个民族，处在这样困苦的境地还没有忘记爱美，那他们一定能在废墟上重建家园！"

历史证实了美国社会学家波普诺的预言，几十年后德国人不仅在废墟上重建了家园，而且在经济发展上超过许多国家，长期雄踞仅次于美国、日本的第三位。

废墟中的一瓶瓶鲜花，给了一个战败的民族以希望，治疗了他们的身心创伤，鼓舞他们重新崛起。这不正证明了董仲舒在两千年前讲的一句名言："取天地之美以养其身"。

中国的古人说得好："天生阴阳、寒暑、燥湿、四时之化、万物之变，莫不为利，莫不为害。圣人察阴阳之宜，辨万物之利以便生，故精神安乎形，而年寿得长焉。"这就是说，人们只有法天顺情，取用万物对人有利的一面来滋养自己，就可以获得健康长寿。

毛泽东幼年时身体很弱，经常生病，12岁时，还生过一场大病。后来他想，身体老是这样下去，以后怎么能为国家做事情呢？从此以后，他就经常在自家门前的池塘里游泳。经过一段时间之后，他的身体渐渐结实起来。在湖南长沙第一师范学习期间，他又经常到湘江里去游泳，有意识地磨炼自己的意志，一游就是几个小时。除了水浴，青年毛泽东还坚持风浴、日浴、雨浴，经常与同学们一起爬山、远足与野外露宿。正是靠取这些天地之美和坚持锻炼，青年毛泽东终于拥有了强健的体魄。

青年周恩来为民族腾飞而自觉学习，刻苦锻炼，参加革命后日理万机，仍抽空运动养生。他还在《我的修养要则》第七条中写道："健全自己身体，保持合理的规律生活，这是自我修养的物质基础。"

邓小平一生也非常重视在大自然中锻炼。在最艰苦的战争年代，他还坚持在冰天雪地洗冷水浴。到晚年他更是以高龄之躯到海里搏击风浪，到黄山观赏美景。他常对干部们讲："不管你的见解多么高明，如果没有精力，要做好工作是很困难的。"正是靠在大自然中锻炼养成的健康身体，他一生经历三起三落，但仍壮志凌云，在晚年成为中国改革开放的总设计师，开创了建设有中国特色社会主义的新局面。

相关链接：天生阴阳、寒暑、燥湿、四时之化、万物之变，莫不为利，莫不为害。圣人察阴阳之宜，辨万物之利以便生，故精神安乎形，而年寿得长焉。——《吕氏春秋·尽数》

青少年时代正是长智慧、长身体的关键时期。让我们以革命前辈为榜样，到大海中去，到高山中去，到田野里去，搏击风浪，领略美景，获取自然界最美好的精华，用来滋养自己强健的身体吧！

名家美文话格言

相关链接：苟得其养，无物不长；苟失其养，无物不消。——《孟子·告子》

## 附赠中外名人名言

- 志于道，据于德，依于仁，游于艺。

—孔子

- 天道无亲，常与善人。

—老子

- 泛爱万物，天地一体也。

—庄子

- 知天知地，胜乃可全。

—孙子

- 上不失天时，下不失地利，中得人和，而百事不废。

—荀子

- 大自然的创造力是无穷无尽的。

—牛顿

- 自然是亲切的向导——贤明、公正，而且善体人意。

—蒙田

- 自然在它的物质创造中为我们规划我们在道德创造中所必须走的路。

—席勒

- 大自然充满了一种使人心平气和的美与力。

—托尔斯泰

- 酒极则乱，乐极则悲，万事皆然。言不可极，极之则衰。

—司马迁

- 大成不能无小弊，大美不能无小疵。

—白居易

- 人有悲欢离合，月有阴晴圆缺，此事古难全。

—苏轼

- 在纯粹光明中就像在纯粹黑暗中一样，看不清什么东西。

—黑格尔

- 善为师者，既美其道，又慎其行。

—董仲舒

- 德弥盛者文弥缛，德弥彰者人弥明。

—王充

- 立德之本，莫尚乎正心，心正而后身正。

—傅玄

- 建筑人格长城的基础就是道德。

—陶行知

相关链接：朝闻道，夕死可矣。——《论语·里仁》

名家美文话格言

● 先学德性然后再学智慧，因为没有德性，智慧便难以学到。

——辛加

● 人类最重要的努力莫过于在我们的行动中力求维护道德准则，我们的内心平衡甚至我们的生存本身全都有赖于此。只有按道德行事，才能赋予生活以美和尊严。

——爱因斯坦

● 要使人成为真正有教养的人，必须具备三个品质：渊博的知识、思维的习惯和高尚的情操。知识不多就是愚昧；不习惯于思维，就是粗鲁或愚笨；没有高尚的情操，就是卑俗。

——车尔尼雪夫斯基

● 道德当身，故不以物惑。

——管仲

● 以至诚为道，以至仁为德。

——苏轼

● 所有的人都是平等的，造成差别的不是门第，而只是美德。

——伏尔泰

● 没有一个善良的灵魂就没有美德可言。

——贝多芬

● 品性是一个人的守护神。

——赫拉克利特

● 希望你们年青的一代，也能像蜡烛为人照明那样，有一分热，发一分光，忠诚而踏实地为人类伟大的事业贡献自己的力量。

——法拉第

● 我们曾经把美区分为三大种类：物质的美，智性的美，道德的美……我们想到三个种类可以归结的同一种类的美，就是道德美。

——库申

● 静以修身，俭以养德。

——诸葛亮

● 为国者以富民为本，以正学为基。

——王符

● 只有当个体的生存历程与人类的生存历程合二为一，个体才能参与历史行程中人类的发展。

——马斯洛

● 最先朝气蓬勃地投入新生活的人，他们的命运是令人羡慕的。

——马克思